JN409143

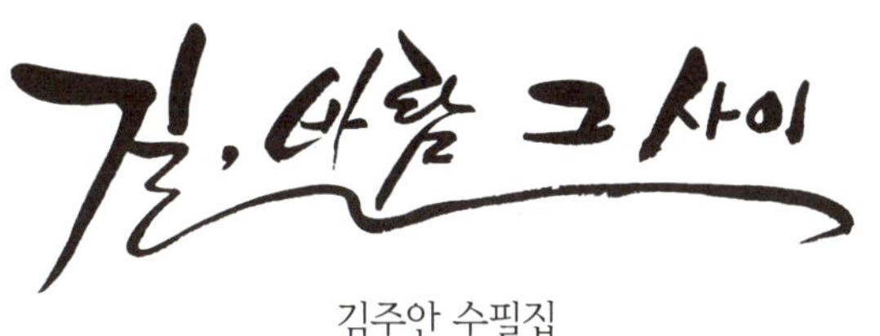

김주안 수필집

도서출판 진실한 사람들

머리말

책을 내면서

첫 수필집을 내고 10년여 만이다. 문학을 품기 시작하던 첫 열정이 그리운 요즘이다. 준비를 마치고도 또다시 마음이 늘어져 해를 넘기고 말았다. 다른 이의 글을 작업하느라 시간을 많이 써버린 듯하고 문단의 길을 열어주신 스승님이 계시지 않아서라는 변명도 늘어놓는다.

지난 여름엔 캐나다 사스캐츠완주 화이트우드에서 여름나기를 하면서 별렀던 작업에 매달렸다. 마치고 보니 선뜻 용기가 나지 않아 차일피일 또 미뤄졌다.

이 책은 길을 따라가며 바람과 마주한 이야기들이 많다. 그래서 제목도 『길, 바람 그 사이』가 되었다. 국내에서 발길이 닿는 곳마다 생겨난 이야기들, 스승님이 돌아가신 후 추모하며 적은 글들, 많은 부분은 두 아이가 터를 잡고 있는 캐나다 이야기들이다. 아들의 승용차로 한 번 여행을 떠나면 이십여 일씩 바람을 맞고 다녔다. 집에 돌아와 보면 만여 킬로미터의 족적들이 남겨졌다. 길이 닿아 있는 한 어디든 가 보리라는 것이 언제나 그 여행의 목표였다. 한때 가슴이 먹먹했던 삶 속에서 그러한 길 위의 시간들은 또다른 숨을 쉬게 하는 통로가 되었다.

수많은 사진을 정리하다 보니 비로소 피곤에 지친 아들의 모습이 보였다. 여러가지로 고맙다는 생각이 든다. 매번 스치며 지나가는 풍광들이 감동으로 넘쳐났지만 제대로 된 문장으로 정리하기란 쉽지 않았다. 사진으로 이해를 돕고자 하는 생각을 나무라지 말았으면 좋겠다.

분주했던 길을 돌아와 앉고 보니 한 편의 글들이 완성될 때마다 머물렀던 시간들이 보이고, 온기로 채워 준 가족들 그리고 고마운 분들도 많이 떠오른다. 고개 숙여 감사드린다.

이제 길과 바람 사이에서 나는 어디쯤 서성이고 있을까 한번쯤 숨을 고르고 싶다. 그리고 다시 길 위에서 남은 생을 열심히 살아내고 싶다.

–2018년 새해에

1부 바람의 집을 지나

2부 그림이 있는 풍경

3부 햇살 환한 봄날에

4부 길이 거기 있기에

1. 바람의 집을 지나

바람의 집을 지나

길과 바람 사이

바다와 립스틱

하얀 동백꽃

안개섬

감꽃 떨어지는 밤에

3월의 대설주의보

땅끝에 서서

아이 엠 해피

하늘 아이들

슬픈 민주주의

바람의 집을 지나

터널을 막 지나자 울산바위가 시야를 한가득 메운다. 터널이 완공된 이후 속초를 오는 시간이 단축되었으나 옛길에 올라 동해를 바라보는 멋스런 풍경이 사라져 아쉽다. 고갯길에는 늘 바람이 있었고 그래서 미시령은 바람의 집이 있을 것이라 생각하기도 했었다. 그 바람은 삶이 버거워진 사람들의 후줄그레한 등을 곧잘 두드려주곤 했다.

숙소로 들어와 짐을 풀고는 햇살이 화사하게 부서지는 창가로 갔다. 숙소가 고층에 있어 시야가 확 트이면서 사방이 훤했다. 울산바위가 지척에 있는 듯 보였고 멀리 동해의 푸른빛이 햇살에 반사되어 눈이 부실 정도로 아름다웠다. 그런데 언제부터 시작되었는지 미시령을 오르는 숲에서 나무들이 일렁이고 있었다. 이리저리 뒤척이는 걸 보니 바람이 부는 모양이었다. 불면 얼마나 불겠나 했는데 오후의 햇살이 기울어지면서 더욱 소리를 내며 기세가 등등해졌다. 그 소리가 점점 가슴을 파고들더니 미시령 저쪽 너머 사람의 세상에서 있었던 시린 기억들이 떠올랐다.

삼십년이란 세월을 넘어 함께 지내온 사람들이 있었다. 자그마한 의견의 대립이 생겨도 이해하고 넘어왔다. 작은 것이라도 서로 나누며 그것이 기쁨인 줄 알고 지내왔다. 그러던 어느 날 딱한 사정을 듣고 호의를 베푼다는 것이 도리어 관계성을 엉망으로 만들고 말았다. 금전적인 문제 보다는 사람이 지켜야 할 기본적인 신의를 경솔히 여겼다는데 마음이 시렸다. 그동안 묵혀온 시간들을 헤아리며 이해하려고 할수록 가슴은 젖어갔고 생채기는 깊어갔다. 알 수 없는 방향에서 불어오는 바람은 관계들을 뒤흔들기 시작했고 두터운 침묵이 여러 날 흘렀다. 할 수 있는 일이란 가슴 한쪽으로 그냥 밀어두는 것뿐이었다. 시간이란 더께가 쌓이면 생채기는 어지간히 아물 것이고 새살도 돋아날 것을 기대했다.

일행과 창가에 앉아 마음을 풀어내다보니 이도 속내가 아프다고 한다. 노을이 내려앉는 먼 바다를 바라보며 지난 상처를 꺼내 보인다. 쉽사리 아물지 않는지 목소리가 축축하다. 그 목소리가 자꾸 젖어들수록 창밖에는 바람의 소리가 점점 더 높아져 갔다. 마침내 어둠이 짙어지면서 사람이 내는 소리는 바람이 내는 소리에 파묻히고 말았다. 숙소를 집어삼킬 듯 사나운 소리를 내며 거칠게 주위를 맴돌았다. 온 천지가 바람의 세상이 되어 버렸고 우리는 꼼짝없이 갇히게 되었다.

바람이 왜 이토록 우리에게 전에 없이 거친 몸짓을 보이는 것일까. 어쩌면 우리에게 이르고 싶은 말이 있는 것은 아닐까. 우리네 마음에 놓여진 지독한 생채기의 골짜기를 지나면서 대신 악을 쓰는 것일까. 아니면 그만한 일로 엄살을 떠느냐고 호통을 치며 꾸짖는 것일까. 그래서 밤이 늦도록 이렇게 높은 망루 같은 숙소에 가둬놓고 호령하고 있단 말인가. 불현듯 맞닥뜨린 바람의 세상에 익숙지 않은 탓에 나는 밤새도록 잠을 설치고 말았다.

다음 날은 바다를 보기로 하였다. 여전히 이는 바람 속을 뚫고 자동차는 휘청거리며 북으로 달렸다. 속초에서 한 시간여 거리에 거진항이란 이정표가 보였다. 해변길로 접어들어 조그마한 해수욕장에 자동차를 정차시켰다. 자동차 문을 열자 기다리고 있기라도 한 것처럼 사나운 바람이 얼굴을 때린다. 아직도 털어버리지 못한 그 무엇이 있느냐며 사납게 따져 묻는 듯했다. 비장한 바람 때문에 정신이 번쩍 들었다.

이곳 지형을 잘 아는 일행이 파도를 일으키지 않은 것으로 보아 육지에서 이는 바람이라고 한다. 사람이 사는 세상에서 이는 바람이라는 말을 덧붙인다. 사람이 사는 세상에서 이는 바람 때문에 우리는 그렇게 넘어졌던 것이구나. 지내 놓고 보면 별거 아닌 서글픈 사실들 때문에 발이 묶여 뒤뚱거렸구나.

육지가 끝나고 바다가 시작되는 곳은 다치고 상한 이들에게 썩 잘 어울린다는 생각을 해 본다. 그곳은 결말과 새로운 시작이 있기 때문일 것이다. 오늘 이 해변에 거칠 것 없이 쏟아져 내리는 햇살 속에 젖은 가슴을 널어보기로 한다. 미시령에서 내리는 바람결에 시린 기억들의 꺼풀을 하나하나 벗기로 한다. 괴롭고 답답한 마음을 모두 내게 두고 가라고 이르는 그 언어도 섬세하게 읽어 내려고 한다. 굴곡 없고 아픔 지니지 않은 삶이 어디 있겠는가. 삶의 틈바구니에서 잠시 생겨났던 생채기들을 이제는 모두 미시령 바람에게 맡기고 한층 더 여물어진 인생을 얻어가고 싶다.

오후가 되자 사납던 바람은 언제 그랬냐는 듯이 어느새 꼬리를 감추었다. 우리는 바람의 집을 지나 사람이 사는 세상을 향해 다시 터널을 넘고 있었다.

길과 바람 사이

이른 봄 제주는 바람으로 가득했다. 차창 밖으로 보이는 감청색 바다는 온몸을 들썩이며 파도를 끝도 없이 내몰고 있었다. 파도의 흰포말을 사진에 담아보려고 용기있게 바닷가에 섰다가도 거친 몸짓 때문에 쫓기듯 실내로 들어서야 했다. 방향과 형체를 가늠할 수 없을 정도로 들이닥치는 바람은 이방인들의 정신을 온통 흔들어댔다.

제주도는 아이들과 한 여행 중에 유독 많이 온 곳이다. 외국에 나가 살고 있어 한국을 오기만 하면 제주도로 여행을 하였다. 우리와 지냈던 좋은 기억들을 이 다음에 저들의 아이들에게도 들려 줄 수 있다면 좋겠다는 생각이었다. 그런데 지난해에는 여행 내내 사나운 날씨 때문에 웅크렸던 기억이 떠오른다. 예정한 날짜에 장마가 온다는 기상예보가 있었지만 설마 하면서 비행기에 올랐다. 우산을 쓰고 카멜리아힐 수국축제를 보던 날은 그래도 형편이 나았다. 다음 날 가파도행 배를 타기 위해 부둣가를 찾았을 때는 바람까지 가세하기 시작했다.

가파도에 닿았을 때 바람이 먼저 바다를 건너 왔는지 호된 환영식을 하고 있었다. 갑판 위로 발을 디디는 순간부터 온몸으로 밀고 들어오는데 어찌할 도리가 없었다. 우산을 펼 엄두도 못 내고 우비만 입은 채 방파제를 빠져나왔다. 투덜거릴 만도 한데 딸애는 말없이 가파도 올레길을 따라나섰다. 이미 수확이 끝났는지 익히 들어왔던 청보리밭은 텅 비어 있고 바람만이 가득한 세상이었다. 아무리 둘러봐도 허허한 들판과 돌담뿐 몸을 피할 곳은 어디에도 없었다. 그래도 동행한 가족이 있으니 서로 의지가 되어 길과 바람 사이를 헤치며 걷고 또 걸었다. 문득, 딸아이는 이국땅에서 삶의 세찬 비바람을 저 혼자 맞아야 할텐데 하는 생각이 떠올라 뒤를 돌아보았다. 웅크리고 걷는 모습이 오늘따라 측은해 보였다. 다가가 손을 꼭 잡고 보니 생각보다 따뜻했다. 비록 날씨 때문에 종일 스산했지만 체온으로 전해졌던 그 훈훈한 기억만은 지금도 생생하다.

이번 여행은 예순을 넘어가는 여학교 친구들과 함께하였다. 크고 작은 비바람을 맞으며 인생의 오름을 절반이나 올라온 친구들이었다. 그래도 이제는 한층 여물어진 인생이었다고 말할 나이가 되었을 것이다. 이러한 친구들과 종종 마음이 합해지면 의미를 만들어 여행을 하곤 했다. 지난해는 필리핀 마닐라를 다녀왔는데 빈민가 바세코 아이들에게 한 끼 밥을 먹이는 일에 동참했다. 이번엔 한 친구가 어렵사리 제주도에 기도원을 지어 그 기쁨을 나누기 위해 나섰던 것이다.

이튿날은 여행 일정 중에 거문오름이 있었다. 제주도를 수차례 오면서 한라산에 오르기를 두어 번 시도한 적은 있지만 오름은 이번이 처음이다. 오름은 화산재가 쌓여 이루어진 기생화산으로 한라산에 360여 개나 있다고 한다. 중산간 지역에 있는 크고 낮은 밋밋한 봉우리들이 들판과 어우러져 제주도만이 갖는 독특한 풍광을 자아내고 있었다.

거문오름은 제주도 오름 중에서 유일하게 입장료를 내고 해설사의 설명을 들으며 오르는 곳이다. 원래 멀리서 보면 숲이 검다고 하여 붙여진 검은오름이었는데 이름이 바뀌었다고 한다. 이 날도 어김없이 바람이 먼저 와서 일행을 기다리고 있었다. 다행히 숲길로 접어들었을 때는 방풍림으로 조성된 울창한 삼나무 숲이 휘청이며 온몸으로 막아주었다.

정상에 섰을 때는 천하가 모두 바람에게 점령당한 듯 보였다. 눈앞에 펼쳐진 고만고만한 오름들과 멀리 보이는 한라산만이 세상을 붙들고 있는 듯 보였고 다른 온갖 것들은 마냥 출렁거렸다. 오름의 또 다른 이름이 바람이라고 한 사진가 김영갑의 말이 떠올랐다. 바다에서 불어와 들판을 휘감고 나면 바람은 늘 오름을 타면서 자신의 존재감을 나타낸다. 이를 사진으로 담기위해 제주의 오름에 영혼을 저당잡혔다는 이가 사진가 김영갑이다. 몇 년 전 우연히 '김영갑 갤러리 두모악'을 방문하면서부터 그의 작품을 들여다보게 되었다. 처음에는 오름들을 담아낸 작품들이 어디 하나 특별할 것 없다는 생각을 했다. 그저 뭉긋뭉긋한 산세를 가진 지극히 평범한 언덕 같아 보였으나 그의 작품들을 점점 알아가는 동안 어떤 기운을 느끼기 시작했다. 그 기운을 사람들은 바람의 존재감이라고 했다. 그가 남긴 두모악 편지들을 읽으면서 오름의 다른 이름이 바람이라는 말도 이해하기에 이르렀다. 그는 끼니를 굶어가며 병마에 시달리면서 20년 동안 바람의 존재감을 사진으로 말하려고 했다. 바람은 그의 인생의 전부였던 것이다. 그리고 결국 바람이 되어 우리 곁을 떠나갔다.

이번 제주 여행은 많은 생각을 갖게 했다. 아직 제대로 된 오름을 올라 본 적이 없는 딸아이가 앞으로 이국땅에서 삶의 낯선 바람들을 마주하면 허둥대지나 않을까. 예순의 친구들은 인생의 오름을 오르면서 그간 맞닥뜨린 바람으로 인해 절반은 여물어져 있는 걸까. 20년 동안 오름에 이는 바람 앞에 섰던 사진가 김영갑은 저승에서 인생의 완성문을 쓰고 있을까. 그리고 나는 또 다음 여행지에서 어떤 바람을 마주하게 될까.

정상을 벗어나 세상으로 내려가는 능선길을 걷고 있는데 바람이 더욱 거칠게 귓불을 때린다. 길과 바람 사이에 놓여진 내 인생은 지금 어디쯤 와 있을까 문득 궁금해진다.

바다와 립스틱

어느 날 휴대폰에 한 장의 사진이 날아들었다. 남도에 동백꽃이 질펀하다며 꽃냄새를 맡아보라고 한다. 통영에 사는 그니는 늘 이맘때 쯤이면 붉은 동백꽃을 앞세워 내 안에 숨죽이던 그리움을 건드린다. 빠알간 꽃잎을 보자 무엇에 홀리기라도 하듯 다음날 일찌감치 고속버스를 탔다.

터미널 안내소에서 받아든 지도에는 얼마 전 개원한 전혁림 미술관이 눈에 들어왔다. 오래 전, 그의 작품인 줄도 모르고 지인이 보내온 메일에 묻어왔길래 개인적으로 쓴 적이 있었다. 그림을 보자마자 코발트블루 바다색에 내 혼이 홈빡 젖고 말았다. 나중에 전혁림 그림인 줄 알고는 지금까지 이름만 들어도 마음을 제대로 펴질 못하고 있다.

그니와의 약속도 잠시 잊은 채 미술관으로 향했다. 한참을 달리던 택시가 전혁림 미술관이라는 표지판이 있는 곳에 멈춰 섰다. 저기 보이는 골목이라면서 무뚝뚝한 사투리를 던지고는 휑하니 택시는 가버렸다. 미술관 입구에 다다랐을 때 '오늘은 휴관입니다' 라는 입간판이 덩그마니 길을 막고 서 있다. 두터운 적막이 일순간에 밀려들면서 오랜만에 경험하는 막막함과 아쉬움이 여지없이 포개진다.

가까운 거리를 두고 해안가 쪽에 꽃의 시인 김춘수 유품전시관이 있었다. 전혁림이 "춘수의 시가 내 그림의 꽃이 되고, 내 그림이 춘수의 시가 된다" 할 정도로 둘은 평생지기였다고 한다. 전시관에는 자작시들이 시화로 걸려 있었고 생전에 사용하던 소품들과 사진이 커다랗게 벽들을 장식하고 있었다. 꽃의 의미를 두고 사람들의 의견이 분분하다. 무의미한 존재인 '몸짓' 에서 이름을 불러 줄 때 '꽃' 이라는 의미있는 존재로 변모한다는 말이 평이하다. 전시관을 둘러보며 시를 읊고 있자니 동백꽃 한 송이에 의미를 달아준 그니 생각이 다시 났다. 아무래도 전시관을 서둘러 나와야 했다.

네거리가 내다보이는 커다란 통유리 안에 있던 그니는 빛나는 얼굴로 맞아주었다. 오랫동안 앓아온 사람답지 않게 얼굴에는 동백 잎보다 더한 윤기가 흐르고 있었다. 얼마 전에 그니의 곱디고운 모습이 동백꽃을 닮았다고 생각한 적이 있었다. 고통 속에 가두었던 지병도 동백의 푸르고 질긴 생명력으로 이겨내기를 바란다는 글을 썼다. 내 바람대로 스스로 상처를 치유하는 그 생명력을 입어 저리도 빛나게 다시 피어났단 말인가. 동백꽃을 추운 겨울에도 정답게 만날 수 있는 친구에 빗대어 세한지우(歲寒之友)라고 부르기도 한다. 친자매 이상으로 마음을 나누며 십년지기가 된 그니와도 그런 세한지

우가 되지는 않았을까.

이튿날 다시 찾은 전혁림 미술관은 생각보다 규모가 작았다. 그의 대표작인 〈충무항〉이나 〈통영항〉 같은 코발트블루 바다색을 담은 대작에 대해 적잖은 기대를 하고 왔었다. 생전에 제작한 그의 작품들은 평면 회화뿐만 아니라 도자기, 목조, 오브제 등을 포함한 삼천 점이 넘는다고 한다. 청와대 인왕홀에도 전혁림의 풍경화 〈통영항〉이 걸리고, 경기도 이영미술관에는 대작이 전시되어 있다고 하는데 정작 그의 미술관에는 예상 외로 적었다. 모조작이라도 내보이며 이곳을 찾는 이들이 감상할 수 있도록 배려를 아끼지 않았으면 하는 아쉬움이 일었다. 대신 구순이 넘은 나이에도 온몸에 물감을 묻혀가며 열정을 쏟던 생전의 모습이 잠시 마음을 붙잡았다.

언덕길을 더벅더벅 걸어 내려오는데 코발트블루 바다에 대한 갈증이 풀리지 않고 가슴에서 웅얼거린다. 아무래도 전혁림이 자유자재로 만졌다는 바다로 나아가야 할 것 같았다. 여객선터미널로 향했다.

여객선 시각표를 올려다보았다. 어디로 가면 코발트블루 바다에 생각을 담글 수 있을까. 동백꽃의 붉은 마음을 만져 볼 수 있을까. 깊은 바다와 동백꽃에 대한 갈증이 번지면 이곳 통영에 와서는 꼭 한산도까지 다녀오곤 했다. 그러한 기억을 떠올리면서 매표구로 향했다.

카페리호가 부두를 떠나자 금방 짙은 물감을 풀어놓은 듯한 바닷물이 온몸으로 스며든다. 불현듯 삼십여 년도 더 넘은 그날의 풍경이 출렁거리며 눈앞에 신기루처럼 나타났다. 부산까지 밤기차를 타고 와서 엔젤호라는 여객선으로 예전에는 충무항이라고 불리웠던

이 통영항에 닿았다. 한산도행 여객선에 올랐을 때 봄볕이 가득 쏟아져 내린 바다는 은빛비늘처럼 한없이 빛났다. 한산도에는 바닷가를 향해 얼굴을 내민 동백꽃이 우리의 청춘처럼 시뻘겋게 타오르고 있었다. 그렇게 젊은 봄날을 모두 써버렸던 그날의 풍경은 한 폭의 수채화처럼 내 삶의 바탕에 짙게 그려지게 되었다.

어둑해지는 네거리를 내다보며 그니의 일터에서 마지막 저녁을 먹었다. 유리문을 나오려는데 내 손에 무언가를 쥐어준다. 열어보니 동백꽃 물색을 닮은 빨알간 립스틱이었다. 감정의 바이러스가 따뜻한 온기로 번져온다.

돌아와 봄볕이 부서지는 차창 가에 앉았다. 그니의 온기가 묻어 있는 립스틱을 가만히 입술에 바른다. 또 다른 그리움의 색깔이 되어 묻어난다. 그 그리움 또한 내 삶의 바탕에서 오래도록 출렁일 것 같다.

하얀 동백꽃

지난 가을, 그녀에게서 한 통의 문자가 날아왔다. 연말 안으로 한 번 내려올 수 없냐는 것이다. 곧 가겠다고 대답은 하였으나 약속을 지키지 못해 늘 마음에 돌덩이 하나 얹어 놓은 듯했다. 연말을 훌쩍 지나자 마음이 불편해져 더는 미룰 수가 없었다. 부리나케 버스표부터 예매하고 내일 간다고 문자를 보냈다.

그렇게 2년 만에 다시 통영을 온 것이다. 그녀가 운영하는 아동복 가게는 네거리가 훤히 내다보이는 곳에 자리하고 있다. 급한 걸음으로 출입문을 밀고 들어가니 먼저 반려견이 몸을 사리면서 어리둥절한 눈빛으로 맞는다. 잠시 후 창백하지만 여전히 뽀얀 얼굴을 한 그녀가 의외의 명랑한 목소리로 반긴다. 자세한 상황은 모르겠지만 우선 병상에 누워 있지 않다는 것만도 안도가 되었다.

쉰을 조금 넘긴 그녀, 이제 인생의 반을 살았는데 지금껏 산 인생의 반도 순전히 고통과 싸우며 살아왔다. 매일 오전에는 병원에서 몰핀 성분 진통제를 맞고는 오후에는 가게에서 생활하며 혼신을 다해 버틴다. 저녁에는 반려견을 앞세워 퇴근한 후 수면제를 복용하고는 깊은 잠에 떨어진다. 점점 더 건강이 악화되면서 내일을 약속할 수 없다고 여겨지자 사람이 그리웠고 급기야는 나를 불러냈다고 한다.

이튿날 오후에는 두 달에 한 번씩 수면제를 처방 받는 부곡에 있는 한 병원을 다녀왔다. 통영에서 부곡까지는 한 시간 반이 걸렸다. 일종의 마약성분인 몰핀을 매일 투여해야 하는데 이곳에서 의뢰서를 발급받아야 한다면서 오늘은 보호자를 필요로 하였다. 의사와 상담하는 그녀 옆에서 나는 보호자로서 앉았다. 의사는 끝까지 환자의 말을 들어주며 고통을 헤아려 주려는 듯 보였다. 의뢰서가 나오고 처방전도 손쉽게 받았다. 때로는 습관성 약물이 될까 봐 처방을 꺼려서 애를 먹은 적도 있었는데 오늘은 수월했다면서 밝게 웃는다.

삼일째 되는 날 아침은 어제의 그 명랑한 얼굴은 어디에도 찾아볼 수 없었다. 두 번의 조제약을 먹고도 통증은 가라앉질 않았다. 아직 환자들이 오지 않은 이른 아침, 그녀는 적십자병원 침대에 쓰러지듯 누웠다. 시간이 지나도 통증이 멎지 않자 보호자가 되어 담당의사를 두 번씩이나 만나 몰핀주사 양을 늘려달라 간청했다. 의사는 효과가 나타나려면 조금 기다려야 한다면서 쉽게 처방을 내 주지 않았다. 그러면서 CT상에 췌장이 거의 보이지 않는다며 신경절단술을 권했다. 이미 10번이나 시도를 했으나 실패했다고 했다. 그것도 서울에 있는 큰 병원에서 시도하였다고 했더니 그제서야 추가 처방을 내린다.

그녀는 미간을 찌푸리며 죽을 힘을 다하여 고통을 감내하고 있었다. 그야말로 죽음과 삶의 경계를 오가는 듯 보였다. 그녀는 지금 어느 시간을 건너가고 있는 것일까. 가슴이 먹먹해서 더 이상 곁에 있을 수가 없었다.

병원 앞마당으로 나왔다. 바닷가 마을이라 바람은 생각보다 찼다. 겨울 햇살이 솟아오르고 있었다. 햇살이 있는 곳으로 걸음을 옮기다 화단 쪽으로 눈을 돌렸다. 반짝이는 푸른 잎사귀 사이로 하얀 꽃이 눈길을 잡았다. 파리한 듯하면서도 청초한 꽃잎을 달고 있어 가만히 보니 하얀 동백꽃이었다. 붉은 동백은 보아왔으나 하얀 동백은 처음이었다. 희귀한 꽃색에 마음이 끌렸다. 한겨울에도 꽃가지를 하늘로 꼿꼿이 세우고 저토록 뽀얀 꽃을 피우고 있다니 강인한 생명력에 잔잔한 감동이 일었다. 한동안 그 뽀얀 꽃잎을 들여다보고 있는데 그녀의 파리한 얼굴이 겹쳐지면서 참아두었던 눈물이 결국 흐르고 말았다.

열 번의 주사를 맞고 통증이 겨우 멎었다. 어제보다 두 번을 더 투여했다고 한다. 마치 죽음의 마법에서 놓여난 듯 애써 희미한 미소를 짓는다. 여리디 여린 몸에서 어떻게 저런 강인한 생명력이 생겨날까. 그런 그녀를 바라보자니 내 눈시울이 점점 매워졌다.

햇살이 빛나는 거리로 나왔다. 죽음의 마법에서 놓여난 그녀는 삶의 세상으로 돌아와 빛나는 희망이라도 맞을 듯 바삐 걷는다. 질긴 고통과 마주하면서 수없이 오갔을 그 거리를 아무 일 없었다는 듯 걷더니 어느 옷가게로 들어갔다. 단골집이라면서 이 옷 저 옷을 골라 내게 입어보라고 한다. 무슨 엉뚱한 일이냐고 말렸지만 막무가 내다. 하얀 쉐타를 입혀 놓고는 제일 어울린다고 한다. 평소 입던 취향은 아니었지만 방금 본 하얀 동백꽃 물색을 닮아 있어 맘에 들었다. 털이 보송보송 나 있고 감촉도 매우 부드러웠다. 그녀도 가슴에 큰 별모양이 있는 역시 동백꽃 물색을 닮은 하얀색 니트를 골랐다.

옷값을 계산하면서 내게 해 줄 것이 있어 오늘은 참으로 행복한 날이라고 한다. 그 말을 듣자 내 머릿속은 하얗게 비워지고 있었다. 오늘 같은 날, 죽음 같은 고통을 맛보았을 텐데 행복이라니, 어떤 말로 대답을 해야 할지 몰라 몹시 당혹스러웠다. 결국 변변한 말 한마디를 제대로 못한 채 서울로 올라오고 말았다.

그렇게 남쪽 끝 바닷가 마을에서 미소라는 유기견을 분양받아 서로 온기를 나누며 홀로 살고 있는 한 여자가 있다. 오전에는 진통제를 저녁에는 수면제를 먹으며 그날그날을 연명하고 있지만 그래도 아직은 넉넉히 행복하다고 한다. 자신에게 마치 마법이라도 걸듯 행복하다고 하는 그녀를 보면서 가슴이 한참 동안 아려왔었다. 그러면서 내 삶은 행복에 대해 얼마나 인색했는가 수없이 되돌아보게 했다.

오늘도 컴퓨터를 켜면 바탕화면에 병원 화단에 피어 있던 하얀 동백꽃이 환하게 눈인사를 한다. 한겨울에 강인한 생명력으로 피어난 하얀 꽃을 바라보며 질긴 고통을 마주하면서도 뽀얗게 웃던 그녀를 생각한다. 그러면서 지금껏 그래왔던 것처럼 강인한 생명력으로 빛나는 희망을 결코 놓지 않길 간절히 기도한다.

안개섬

충주댐이 들어선 후부터 고향 마을은 깊은 안개에 자주 갇힌다. 남한강 강바닥에서 몸을 일으킨 안개무리는 설마동 골짜기를 지나 고향집 안마당까지 빼곡하게 들어찬다. 소리없는 점령군처럼 저녁부터 밀려들기 시작하면 다음날 해가 떠야 겨우 마을을 내놓고는 물러간다.

고향을 올 때마다 이러한 안개를 만나면 나는 어김없이 원씨네 집을 떠올린다. 올곧은 성품으로 평생을 살다가신 원씨 아저씨의 애잔한 얼굴이 생각난다. 아저씨는 부모를 일찍 잃고 이렇다 할 친정붙이도 없이 여기저기 떠돌던 사람을 아내로 맞았다. 그런데 아저씨가 결혼을 하고 난 후부터 전에 없던 일들이 일어났다. 동네에 낯선 침입자들이 드나든다는 것이다. 그 사람이 여자라는 말까지 나오자 원씨 아저씨는 허허참 하면서 허탈한 기침을 하고는 먼 산을 쳐다

보는 일이 많아졌다.

큰아들도 어렸을 때부터 동네사람들에게 제 어미와 같은 버릇을 가졌다는 말을 듣기 시작했다. 아내의 뒷감당도 버거웠을 아저씨는 이번에는 아들까지 그에게 근심을 더했다. 거기다가 큰손자가 장성하자 마을에서는 없어지는 물건들이 더욱 늘어났다. 나도 고향에 가끔 오면 그 손자를 만났는데 예사롭지 않은 눈빛을 가졌다는 것을 느꼈다. 일 년 내내 거의 비워 둔 고향집에 누군가 침입한 흔적들이 있곤 했다. 마을 사람들은 심증은 있지만 아저씨를 보아 큰 손해가 아닌 이상 묵인하는 듯했다. 아저씨가 돌아가시자 물려받은 그 많던 전답들이 하나 둘 남의 손에 넘어가기 시작했다. 급기야 많은 빚을 안고 온 가족이 어느 날 안개처럼 사라졌다.

안개가 자욱한 날 그의 텅 빈 집을 건너다보면 전설 속에나 나올 법한 가라앉는 섬(島)처럼 보인다. 무너질 대로 무너진 그의 집은 썩는 소리까지 나는 듯하다. 안개에 길들여진 마을 사람들은 머지않아 원씨 아저씨네에 대한 기억마저도 뽀얗게 밀어낼 것이다.

오래전에 '안개마을'이라는 영화를 본 적이 있다. 이 영화의 무대가 충주댐을 가까이 두고 있는 우리 고향 마을에서 얼마 떨어지지 않은 곳이라는 것을 알고는 반가웠다. 동성(同姓)인 사람들만 모여 사는 집성촌을 배경으로 여교사 수옥과 깨철이 그리고 마을 부녀자들 사이의 비밀스런 일을 두고 영화가 전개된다. 어디서 흘러왔는지 족보도 없고 천치바보인 깨철이는 아무 이유없이 마을사람들의 보호를 받고 있다. 그러나 교사 수옥의 눈을 통해 그는 부녀자들의 성적욕구의 대상이며 그러나 공공연하게 묵인되고 있다는 것을 밝힌다. 매일 같이 피어오르는 지독한 안개는 이 비밀스런 일들을 음흉하게 덮고 있었던 것이다. 깨철이는 이 영화에서 공유하며 묵인하고 숨겨온 '익명의 섬'으로 상징되고 있다. 여기서 안개는 무너진 인간의 도덕성을 점령한 후 익명의 행위들을 지휘하고, 그 행위들은 인간의 본성에 기대어 구차한 힘을 얻고 있는 듯 보인다. 이러한 이중적 구조를 가진 인간의 모습을 이 영화는 고발하고 있다고 생각된다.

고향에 와서 자욱한 안개를 대할 때마다 마을은 여지없이 섬이 되어 있다는 생각이 든다. 한수산의 〈안개시정거리〉에서는 산업화로 인해 무너진 고향을 고발하였지만 우리 마을은 매일같이 들어차는 안개가 사람과 사람 사이를 섬으로 가두고 있다. 고향 마을의 원씨 아저씨도 평생을 지독한 안개에 싸인 깊은 섬을 안고 살았을 것이다. 그리고 가족이라는 무게에 눌려 아무도 모르는 사이 날마다 무너져 갔을 것이다. 어찌보면 우리네 인생도 저마다 들키고 싶지 않은 깊은 섬 하나쯤 지니고 있는 것은 아닐까. 그러다가 날마다 무너지고 결국은 사라짐으로써 그 존재가 남는 것, 또한 인생이 아닐까.

오늘 아침에도 일어나보니 또다시 고향집은 안개바다로 둘러쳐진 안개섬이 되어 있다. 수일 내로 인간의 욕망을 익명의 섬으로 포장한 영화, 안개마을에도 가까이에 있다고 하니 한 번 다녀와야겠다.

감꽃 떨어지는 밤에

내 고향은 충청도 두메산골이다. 아마도 하늘 아래 첫동네라고 하면 그 비유가 맞지 않을까. 이곳은 해만 떨어지면 하늘 높은 별들이 기다렸듯이 마실을 나와 허공에 먹물같은 어둠을 풀어놓는다. 어둠은 앞뒤 분간도 어렵게 할 뿐더러 두터운 정적도 불러들여 적막강산이 따로 없다. 방안으로 들어와 고작 책을 보는 정도인데 이도 피곤해지면 이내 손을 놓는다. 그러면 텅 비어 있는 시간들이 꾸역꾸역 몰려들어 방안에 미어지도록 들어찬다.

무료해져서 잠이라도 청하려고 자리에 든다. 그런데 그날따라 양철지붕 위로 후두둑 후두둑 무엇인가 떨어지는 소리가 들린다. 빗소리는 아닐텐데 누군가 어둠 속에서 귀향을 환영하는 난타 공연이라도 벌인단 말인가. 어떤 놈이 오밤중에 수선을 떠는지 보아야겠다며 방문을 열고 나온다.

보름을 얼마 지내고 제 몸을 반쯤 일그러뜨린 반달이 온 동네를 뽀얗게 비추고 있다. 집모퉁이를 돌아 소리나는 뒤곁으로 발걸음을 옮긴다. 고향집만큼이나 나이가 많은 감나무가 긴 그림자를 드리우고 내 앞에 우뚝 선다. 발아래를 살펴보니 작은 항아리 모양을 한 감꽃이 달빛을 한입 가득 물고 뽀얗게 누워 생글거린다. 아하 요놈이었구나. 감나무는 제 몸에서 감꽃을 내려놓으면서 쉴 새 없이 양철지붕을 두드리고 있었던 것이다. 그제사 온종일 윙윙대던 꿀벌들의 날갯소리가 생각났다. 낮에는 벌들에게 단물을 주기 위해 어머니의 젖통처럼 열어놓고 있다가 밤에는 스스로 내려놓는 지혜를 몸으로 저렇듯 이르고 있단 말인가. 나무에 달려 있을 때는 꽃이 핀 줄도 몰랐는데 떨어져 누워 있으니 비로소 작고 앙징맞은 감꽃이 된다.

다시 방으로 들어온다. 이미 잠은 놓쳐버렸고 하동에서 보내온 산녹차를 꺼낸다. 텅 빈 시간을 한 잔의 차에 타서 마시면 무료가 좀 덜해질까 싶어서다. 골 깊은 용두산에서 내리는 맑은 물을 받아 주전자에 넣고 끓인다. 숙우(熟盂)에 그득 붓고는 수증기를 걸러낸 다음 무증(無蒸)이 오를 때까지 기다린다. 무증이 오르면 다관(茶罐)에 부을 수 있는 꼭 알맞은 온도라고 하니 이러한 기다림도 하나의 마음의 여백을 만든다. 이를 다관에 붓고 물우림을 하여 차의 빛과 맛과 향(茶香)이 우러나기를 또다시 기다린다. 기다리는 동안 내 안에서도 양철지붕에서 내는 소리처럼 후두둑 후두둑 소리가 들린다.

맑은 향의 첫맛은 영혼의 울림처럼 혀끝으로 다가온다. 온몸을 뜨거운 물에 녹인 후 그 여백을 건너온 빛과 향기는 새로운 삶의 시작이라 해도 되는지. 두 번째 잔은 속내깊은 울림을 내며 조금 깊은 맛과 색을 낸다. 인생의 묘미를 조금씩 체득해 갈 때도 이런 맛과 색이 우러날까. 세 번째까지 마음에 거르는 것 없이 한 모금씩 시간을 두고 마신다. 그동안 부렸던 욕심도 마시고 다른 이들에게 내비쳤던 미움도 마시면서 마음의 찌끼들을 모두 걸러냈으면 하는 염원도 가져본다.

어제는 박달재 아래로 거처를 옮겨 살고 계신 지인을 찾아뵈었다. 서울에 있는 모 고등학교 교장으로 재직하신 후 퇴임하고 이곳으로 온 지 10여 년이 되었다. 뜻하지 않는 방문에 선생님은 꿈인가 생시인가 하면서 반가운 기색이 역력하다. 점심을 함께 하고 싶다고 했더니 당뇨가 심해져 가리는 음식이 많다며 빈 웃음을 웃으신다. 이제는 정리해야 될 때가 되었다며 마당 한구석에 벽돌을 쌓아 아궁이를 만들어 놓고, 거기에다 지녔던 흔적들을 일일이 사르고 있었다. 한 인생이 살다가는데 무엇이 그리 많은지, 태우고 버려도 아직 태산 같단다. 모두 버리고 홀가분하게 떠나야 할텐데, 녹찻잔에 물을 부으면서 혀를 끌끌 차신다. 가족을 서울에 모두 두고 혼자 이곳에 와 텃밭을 일구며 자연 속에서 욕심을 내려놓고 여생을 살아가는 선생님의 삶이 벌써 많은 여백을 지닌 듯하다.

뒷산에서 소쩍새 우는 소리가 달빛을 건너와 창호지문에 그득하다. 찻물이 거반 식어가는 데도 여전히 감나무는 감꽃을 털어내고 있다. 밤새도록 숨도 쉬지 않고 저리도 계속할 모양이다. 창호지문을 사이에 두고 듣고 있노라니 내게도 마음에 있는 것을 비우고 털어내라며 채근하는 소리처럼 들린다. 스스로 자신을 비울 줄 아는 지혜를 감나무는 어찌 터득했을까. 마치 온몸을 녹여내야 향긋한 차 향을 품듯이, 감꽃을 내려놓아야만 새로운 삶으로 가는 튼실한 풋감을 품을 수 있다는 사실을 언제부터 알았을까. 버리고 비우지 않고는 새것이 들어 설 수 없다는 이치를 감나무는 내게 교훈이라도 하려는 것일까.

장자의 인간세(人間世) 편에 보면 마음의 재계(齋戒)는 텅 비우는 것이라고 한다. 그러나 나는 세상을 향해 아무것도 비우지 못하고 방안에 가득 찬 텅 빈 시간 속에 그저 누워만 있다. 그리고 우리네 인생살이도 저 자연의 이치만 같았으면 하고 감꽃 떨어지는 밤에 곰곰이 생각한다.

3월의 대설주의보

집을 나설 때 내리던 비가 가평쯤 지나서는 눈으로 바뀌고 있었다. 일기예보에는 강원 산간지역에 대설주의보라고 했지만 3월인데 눈이 오면 얼마나 오겠는가. 그러나 한계삼거리에 다다랐을 때부터 내 안일한 생각에 낭패를 가져오기 시작했다. 속초에 가려면 미시령을 넘어야 하는데 골짜기에 접어들수록 눈의 기세는 온 세상을 덮어 버릴 듯 점점 더 거세어졌다. 그 기세에 눌려 백두대간의 허리가 숨도 안 쉬는 것 같았고 사위는 깊은 정적에 갇혀 아득하기만 했다.

가지가 휘어질 듯 눈을 뒤집어 쓴 나무들은 자연의 준엄한 말씀이라도 듣는 것처럼 고요했다. 하늘도 눈 빛깔, 도로도 눈길, 늘어선 자동차 행렬이 답답한지 길가로 나와 서 있는 사람들도 눈과 경계를 잃어가고 있었다. 자동차들은 굴러가는 눈덩이처럼 보인다. 이럴 때를 두고 어느 시인은 형식적 경계가 없어졌다고 했나 보다. 이 골짜기가 모두 눈의 수하에 갇히고 눈은 설국의 제왕으로 등극하면서 성대한 의식이라도 치르고 있는가. 설국의 제왕 앞에서 읊조린 산야는 충성을 선서하는 신하들이 틀림없어 보인다.

운전을 한 지 삼십 년이 되었지만 체인을 채워 본 것은 이번이 처음이다. 설국에 입국하려면 이러한 불편쯤은 감내해야 할 것이라는 생각을 한다. 미시령 터널만 들어서면 불편은 다하겠지 하면서 다시 자동차에 시동을 걸었다. 옛길을 따라 미시령 정상에 서면 시퍼런 동해바다가 보인다는데 오늘은 그 길도 통제되었을 뿐더러 사방을 뒤덮은 불투명한 운무 때문에 어림도 없겠다. 터널을 나와 가속이 붙은 내리막길은 체인을 채웠다 해도 제대로 제동이 걸리질 않았다. 자동차가 나보다 더 혼비백산하는 것 같았다. 정신만은 오롯이 차리려야 한다고 두 눈을 부릅뜬다. 그러나 이도 소용없는 일이었다. 눈이 시키는 대로 그냥 미끄러지면 된다는 생각이 나중에야 들었다. 그렇게 입국심사를 톡톡히 치르고 시내로 들어서니 도로가에 끝도 없이 쌓아놓은 눈더미가 우리를 환영하느라 몰려든 인파와 같다.

다음날 아침까지도 눈의 기세는 여전했다. 숙소에서 내려다본 드넓은 백사장이 모두 설국 천하다. 밤바다를 비춰주던 해변 가로등도 속수무책으로 눈을 맞느라 정신을 놓은 듯하다. 눈 무게 때문에 내려앉을까 싶어 세워놓은 자동차 브러쉬는 마치 밤새 내리는 눈을 막지 못했다고 벌을 서고 있는 듯 보인다.

해변으로 나가는 길을 찾아보았다. 설국 천하를 이룬 백사장은 발을 디딜 엄두를 못 내겠다. 보도 블럭으로 조금 돋우어진 산책로를 따라 조심조심 발걸음을 옮겼다. 양다리를 팔자로 벌려 나뭇잎 모양을 내며 발자국을 찍어보았다. 한참을 앞으로 나아가다가 뒤를 돌아다보니 지나온 내 삶의 발자국처럼 남아 있다. 오십여 년을 넘게 무엇이 그리 숨이 차고 때때로 마음이 시렸는지 모를 일이다. 삶이 시키는 대로 그냥 흘러도 될 것을 말이다. 아마도 턱없이 부족한 아량이 그리 했을 것이다. 차가운 해풍에 시렸던 마음은 그대로 내어놓은 채 몸만 돌아가고 싶다는 생각이 든다. 내 속내를 알아차린 양 물새들이 잿빛하늘을 차고 오르며 끼룩끼룩 운다. 눈 속에 갇힌 세상을 깨워보려는 듯 파도만이 쉬지않고 제 몸을 거칠게 들썩인다. 아니 이곳에 와서 겨우 삶의 간격을 가늠해 보고 있는 나를 더욱 정신들게 하려는 심산인지도 모른다.

오후에 들어서서야 눈은 그쳐 가고 있었다. 이제는 설국에서 머무를 시간이 다한 것 같아 숙소를 나섰다. 양양 쯤 왔을 때는 잠시 햇빛이 보이는가 싶더니 대관령을 먼발치에 두고는 어느새 안개가 차창으로 덤벼든다. 자동차는 다시 놀란 듯 행동이 둔해지고 점점 더 지독해지는 안개 속에서 허둥대는 모습이 역력하다. 설국의 제왕이 베푼 출국의식으로 마지막 환송인사라도 하는 것일까. 자동차를 달래가며 더듬더듬 대관령을 넘었다. 그리고 드디어 설국의 경계를 벗어났다.

동해가 보고 싶다는 아들을 따라나서서 뜻하지 않게 만난 3월의 대설주의보, 세상을 산다는 것이 그리 녹녹치 않다는 것을 일러준 셈이라고 할까. 혹여 소홀히 하고 느슨하게 살았던 내 삶에 대한 주의보라는 생각도 들었다. 한번쯤 뒤를 돌아보고 숨을 고르며 살라는 자연의 말씀이기도 했다.

나는 3월에 설국의 제왕을 만난 행운을 기억할 것이다. 자연의 말씀에 따라 형편없는 내 삶에 대한 반성문도 쓸 것 같다. 그리고 사는 동안 이러한 짧은 행운 속에 더러 갇히는 것도 좋으리라는 생각을 두고두고 할 것이다.

땅끝에 서서

나주평야에 들어서자 남도는 이미 겨울의 끝자락을 벗어나 봄빛을 불러들이고 있었다. 색감이 감도는 너른 벌판과 지평선 너머로 완만히 누워 있는 산등성이들은 느슨한 평화다. 영암군이라는 이정표가 보이고 얼마 안 있어 커다란 바위산이 불쑥 몸을 일으키며 진풍경으로 다가온다. 소백산맥 줄기 끄트머리에 솟아오른 명산 월출산이 그 위엄을 자랑하고 있었다.

월출산은 달을 가장 먼저 맞이하는 산이라고 하여 붙여진 이름이다. 위세를 앞세워 우뚝 솟은 바위산 맨살 위로 보름달 달빛이 여인의 비단옷자락처럼 흘러내리는 광경은 상상만 해도 매혹적이다. 월출산은 거의 숲은 찾아볼 수 없고 기암괴석으로 이루어져 깎아지른 산세가 일품이다. 몇 해 전에 강진을 다녀오면서 이 월출산을 지나친 적이 있었다. 들판 가운데 우뚝 솟아오른 산이라 밑바닥부터 모두 볼 수 있어 특이하다는 생각을 했었다. 그 월출산을 오른쪽으로 돌면서 자동차는 남으로 남으로 달린다.

한반도 제일 남쪽 바다 고을인 해남에 와서도 산을 먼저 올랐다. 소백산맥이 월출산을 거쳐 이곳 해남에 와서 다시 솟아오른 곳이 두륜산이다. 월출산만큼 훤칠하지는 않았지만 해남의 영봉으로 꼽힌다. 산세는 대체적으로 완만했고 난대성 활엽수림이 빼곡히 들어차 있어 두륜산은 나무가 일품이었다. 케이블카로 올라 고계봉 전망대에서 아직 잎을 달지 않은 3월의 수목들을 내려다보니 느슨한 평화가 이곳에도 모두 모여 있다.

일찍이 서산대사는 두륜산을 일컬어 기화이초(奇花異草)가 항상 아름다워 모든 것이 잘 될 만한 곳이라고 했다. 또한 북으로는 월출산이 있어서 하늘을 괴는 기둥이 되고 남에는 달마산이 있어 지축에 튼튼히 연결되어 있어 두륜산을 만세토록 훼손되지 않을 땅이라고 극찬하였다.

두륜산에 위치한 천년고찰 대흥사는 서산대사와 초의 스님의 이야기로 유명하다. 서산대사의 유언에 따라 대흥사에 그의 의발(衣鉢)을 두었고 절 안에 있는 표충사라는 건물에는 영정을 모셨다.

대흥사의 초의는 한국의 다성(茶聖)이라 불리운다. 당시 대학자들과 교류하는 등 유림에서 큰 이름을 떨친 분으로 무엇보다 추사 김정희와 평생지기로 지냈다. 추사가 제주도로 유배 가는 길에 대흥사로 초의를 만나러 오기도 하였고 초의는 제주도 유배지로 내려가 마음을 나누는 등 절친한 벗이었다. 추사가 유배 가는 길에 무량수각(无量壽閣) 현판을 써 준 것이 지금도 승방에 걸려 있다. 승방 앞을 지나면서 그들의 우정을 떠올리니 부러움이 앞선다.

해남군 남쪽에 암릉으로 누워있는 달마산은 남해의 금강산이라 불릴 만큼 기암괴석들이 즐비하다. 이 바위산은 바다와 육지의 경계선을 그으며 땅끝에 공룡의 등뼈같이 길게 누워 있다. 도솔봉 정상에 올라 남해를 바라보니 물결은 명경지수같고 주위 풍광은 한 폭의 그림이다. 동쪽으로 완도가 손에 잡힐 듯 다가와 있고 서쪽으로 진도는 해운에 가려 아스라이 보인다.

길게 바다를 바라보고 누워 있던 달마산 산맥이 기세를 내리다가 다시 솟아난 곳이 갈두산 사자봉이다. 이곳이 한반도 육지부 최남단 땅끝이다. 이제는 더 나아갈 곳이 없는 세상의 끝이라 생각하니 본능적으로 뒤를 돌아본다. 그간에 앙금처럼 가라앉았던 해묵은 감정들이 울컥울컥 밑바닥에서 일어난다. 한때 생채기 투성이였던 삶도 따라와 가슴을 먹먹하게 만든다. 홀로 벼랑 끝에서 외롭고 고독했던 마른 기억들이다.

갈두산 산자락에는 여러 시인들이 땅끝에 와서 이는 감정을 노래한 시비들이 세워져 있다. 처절하고도 절박한 삶에 밀려나 절망감을 노래한 시들이 가슴으로 젖어든다. 어느 누구의 삶인들 그리 녹녹할까.

어느새 저녁바다에 안개가 일어나기 시작했다. 멀리 보이던 섬들이 안개에 가려지고 바다도 하늘도 그 경계를 점점 잃어갔다. 세상이 아득해지면서 내 삶 속에 일어났던 절망이나 위기도 그 경계선이 무너져가는 듯하다. 잠시 후 세상의 잃어버린 모든 경계 위로 장엄한 낙조가 물들기 시작했다. 한순간에 세상은 아름답고 찬연한 빛으로 채색되고 있었다. 생채기를 만들던 파도도, 가슴을 먹먹하게 했던 바람도, 바다노을을 머금고 그저 아름답기만 하다.

돌아보면 홀로 벼랑을 경험했던 적도 있었지만 월출산 같이 위세 있던 삶도 있었다. 아파하는 생채기를 안고 열을 앓던 기억도 있지만 두륜산처럼 평화로운 나날이 더 많았다. 초의와 추사만은 못해도 나름대로 돈독한 우정을 나눌 수 있는 벗도 있다. 그러고 보면 오늘 달마산 땅끝에 서서 바라보는 석양빛은 세상의 경계를 지울 뿐 아니라 내 지나온 삶의 모든 경계도 아득하게 지우고 있다.

그렇게 온몸으로 마지막을 불사르는 땅끝 봄바다를 오랫동안 서서 바라보았다. 내 삶의 끄트머리에도 아름다운 석양빛만 곱게 물들었으면 좋겠다.

아이 엠 해피

바다에는 필리핀 여성과 나와 단 둘뿐이다. 그 여성은 내게 '뷰티플' 하면서 소리내어 웃는다. 속으로는 아닌 것을 알면서도 입으로는 '땡큐' 하고 대답한다. 그것이 행복지수를 전달하려는 의미인 것을 나중에야 알았다. 얼마 후 남편인 듯한 서양남자가 다가와 오리발과 잠수안경을 건네주며 해보라고 한다. 여자는 잘 안 된다고 하면서 괴성을 지른다. 그래도 말끝마다 '해피! 해피!'를 연방 외친다. 행복지수가 세계적으로 높다고 하는 필리핀 사람들의 일상 언어인가 보다.

천국도 이만큼 맑고 투명할까. 하늘도 구름도 바다도 온통 투명하다. 내 마음도 점점 투명해진다. 땀을 흘리며 애써 닦아놓은 마당에 빗자루질 몇 번하고 이름을 내려는 이들을 향해서도, 투명한 마음이고 싶다는 생각이 문득 든다. 그리고 이 바다에서 만난 열대어

두어 마리정도를 내 마음에도 헤엄쳐 다니도록 놓아두고 싶어진다. 그 열대어를 잡으려고 그물을 던져서 평화를 깨는 자들을 때로는 외면할 것이다.

수영을 하려고 바닷물에 얼굴을 담갔다. 순간 짠내가 후각을 자극시키더니 코로 입으로 지독하게 전해온다. 이목구비가 쓰리다 못해 오그라드는 듯하다. 무언가 맹렬하게 공격해 오는 느낌도 든다. 내 삶 속에서도 이렇게 느닷없이 공격을 당한 적이 있었다는 것을 기억해낸다. 마음도 영혼도 오그라들면서 쓰리고 아팠던 기억이다. 그러고 보면 내 삶이 어지간히 맹탕이었던 모양이다.

그런데 아무리 봐도 어제의 에머랄드빛 바다가 아니다. 해변에는 물이 빠진 자국이 선명히 드러나 있었고 한참을 나아가도 허리까지 밖에 물이 차오르지 않는다. 이럴 때 해변으로부터 될 수 있는 한 멀리 나가보기로 했다. 커다란 판쵸모자를 쓰고 껑충껑충 뛰면서 앞으로 앞으로 나아갔다. 산호색 물빛을 지나 검은색 바다에 다다랐을 때 물 속을 가만히 살펴보았다. 무엇이 저리 검은지 궁금했다. 빼곡이 들어차 있는 수초들 때문이었다. 수초들 사이에는 무엇이 있을까. 물빛이 어른거려 잘 보이지 않았다. 이번에는 짠내가 대수냐며 물안경을 쓰고 다시 얼굴을 바닷물에 담갔다. 통통통 발차기를 하면서 이리저리 헤엄을 치며 떠다녔다. 작은 열대어들이 수초들 사이로 무리져 다니는 모습이 투명하게 내려다보인다. 평화 그 자체다.

잠시 후 어디서 나타났는지 언뜻언뜻 투명한 물체가 눈에 띄었다. 이 너른 바다에서 혼자 노는 것이 안쓰러워 함께 친구하자고 나타난 줄 알았다. 투명한 물체를 따라 노닐면서 아이들이 비치에서

부를 때까지 평화를 즐겼다.

인천공항에 도착했을 때 양쪽 바깥 허벅지 쪽으로 붉은 반점이 무수히 솟아 난 것을 알았다. 이 붉은 반점들이 도대체 왜 생겼을까. 떠나오던 날 마지막으로 다금바리 회를 먹었는데 신선도가 떨어져서 그럴까. 아니면 오염된 식수를 마셨을까. 현지식을 먹을 때마다 달라붙던 파리떼때문이었을까. 온갖 추측해 보았지만 원인을 모르겠다.

다음날 오전에 일찍 병원을 찾았다. 의사도 이리저리 질문을 하였지만 뚜렷한 원인을 모르겠다고 한다. 그 원인을 찾아내는데 삼일이 걸렸다. 투명하게 떠다니던 물체 때문이었다. 흐느적대며 부드럽게 다가와서는 사정없이 내 허벅지를 공격했던 것이다. 그는 다름아닌 해파리 떼였다. 순전히 물로만 되어 있다기에 맹탕인 줄만 알았던 해파리가 무서운 독을 숨기고 있었다는 것은 전혀 몰랐다. 감각이 둔한 나는 만 하루가 지나서야 놈들의 공격을 받았다는 사실을 알았다. 일주일을 고생해서야 겨우 통증이 멎었다. 해파리가 쏜 상처엔 아직도 거무죽죽한 흔적이 남아 있다.

맹탕이었던 내 삶에 해파리의 독침은 또 다른 경고였을까. 잠시 누린 평화의 대가를 톡톡이 치른 셈인가. 공격하기로 한 자의 속내는 당해낼 재간이 없다. 당하는 수밖에는 별 도리가 없다. 그러나 제 아무리 아프고 쓰린 상처라도 언젠가는 아물기 마련이다. 오히려 아물고 나면 더 단단해지는 법이다. 또한 몇 번 짠내를 마시고 나면 짠내가 대수냐며 투명하게 마주 웃을 수도 있다는 것이다.

나는 이번 여행에서 얻어온 평화를 내 생활 곳곳에 놓아두고 싶다. 비행기로 4시간을 날고, 다시 버스로 30분을 더 달려 찾아간 바다에서 투명한 평화의 색깔을, '아이 엠 해피' 라고 큰소리로 외치던 그 여성의 행복지수를 닮고 싶다. 그리고는 그 산호빛 바다를 오래도록 기억할 것이다.

하늘 아이들

지난해에 필리핀 북부 피나투보 산 일대에 살고 있는 아이따족 원주민 마을을 다녀왔다. 피나투보 산은 루손 섬 화산산맥의 일부분으로서 십오륙 년 전에 대폭발이 일어난 지역이기도 하다. 그때 많은 재산과 인명피해가 있었는데 대부분 근방에 살고 있는 아이따족들이 목숨을 잃었다고 한다.

아이따족 마을에 들어서니 추장이라는 분이 반가이 맞는다. 체격이 왜소하고 커다란 눈에 피부는 까무잡잡했다. 마을 사람들이 대부분 이 추장처럼 작은 체구에다가 곱슬머리였고 크고 둥근 눈에 검은 피부색이었다. 화산폭발 이후에 외지의 도움으로 마을이 새로이 조성되었다고 하는데 20여 호 남짓한 가옥들과 학교, 그리고 한국인 선교사가 지어준 예배당이 있었다. 가옥이래야 야자수잎으로 만든 지붕과 대나무로 얼기설기 엮어서 만든 외벽이 전부였다.

추장은 일행을 예배당으로 안내하였다. 예배당 안에는 나무판자를 그대로 걸쳐놓아 만든 의자들이 십여 개 있었다. 어느새 수십 명의 아이들이 낯선 방문객들을 따라 예배당 안으로 몰려들어 그 의자들을 차지하고 앉았다. 신발을 신은 아이는 몇 안 되고 옷차림도 대부분이 깨끗하지 못했다. 무더운 날씨 속에 털모자를 쓴 아이도 보였다. 언젠가 이 열대나라에 온도가 십칠 도로 내려간 적이 있었다고 한다. 그때 상당수의 아이따족들이 동사를 했다고 하니 요즘 같은 우기에 털모자를 쓸 만도 할 것이다. 여기저기 아이를 안고 서 있는 어린 엄마들의 앳된 모습도 눈에 띄었다.

낯선 방문객들을 향해 경계하는 눈빛이나 적대감을 드러내는 사람들은 없었다. 행복만족도가 어느 나라보다 높다고 하는 필리핀인들의 낙천적인 성격때문일까. 얼마 전에 일어났던 어두운 대참사의 흔적도 거의 찾아 볼 수 없었다. 도리어 선한 눈동자와 저들이 짓는 맑은 웃음은 보는 이로 하여금 청량감을 느끼게 했다. 앞선 선교사들의 교육 때문인지 '김치'와 '안녕'이라는 단어를 한국말로 똑똑히 하는 아이들 속에서 한참을 그렇게 따라 웃어보았다.

마을 한가운데 구멍가게가 있었다. 남편이 50페소(우리나라 돈으로 약 1,000원)로 크레카 25봉지를 샀다. 모여든 아이들에게 하나씩 나눠주다 보니 순식간에 동이 났다. 그래서 또 한차례 사서 나눠주고 있는데 사진을 찍고 있는 내게로 한 남자어른이 다가왔다. 까만 손으로 고구마 두 개를 내민다. 얼른 얼굴을 쳐다보니 함박웃음을 머금으면서 먹으라는 손짓을 한다. 고마운 마음의 답례인 듯했다. 고구마는 금방 쪘는지 따뜻했다. 곁에 있던 일행과 맛있다며 감사의 표시를 하였더니 흰이를 드러내 보이며 더욱 크게 웃는다. 천성적으로 잘 웃는 얼굴들이다. 순간 그의 커다란 눈을 쳐다보니 검은 눈동자가 호수같이 깊고 빛났다. 웃음 못지않게 눈도 참으로 맑고 아름답다는 생각을 했다. 식량이 넉넉잖은 이 마을에서 고구마 두 개라면 큰 양식이 될 텐데 선뜻 내어준 그 남자어른의 깊은 마음이 찐 고구마처럼 따뜻하게 다가왔다. 그의 얼굴을 카메라에 담아올 걸 하는 생각이 후에 들었다.

앞선 일행을 따라 마을을 벗어나고 있는데 방금 나눠준 과자를 손에 든 몇몇 아이들이 계속 따라오면서 '김치'와 '안녕'을 외친다. 이 또한 고구마 두 개를 건네준 남자어른처럼 고마운 마음에 대한 답례일까. 마을 출입문을 나와 산길을 내려오는데도 그 아이들의 외침이 들린다. 뒤를 돌아보고 아이들을 올려다보았다. 서너 살 되어 보이는 아이들의 까만 머리가 하얀 구름을 배경으로 그림처럼 보인다. 하늘에서 구름을 타고 이제 막 내려온 천사들 마냥 보였다. 잠시 전에 보았던 맑은 눈동자가 클로즈업 되면서 하늘아이들이라는 생각이 문득 들었다. 그러면 어렵사리 찾아갔던 피나투보 산중에 있는 이 오지 마을은 천사들만 사는 하늘이랄 수 있을까. 자연에 순응하면서 자연스럽게 살아가는 이 원주민들은 문명인이라고 하는 우리들보다 훨씬 행복할 수도 있다는 생각이 들었다. 결코 물질이 행복을 재는 치수는 아니기 때문이다.

돌아오는 차 안에서 혹여 우리의 방문이 하늘을 담고 사는 저들의 행복을 조금씩 앗아가는 것은 아닐까 하는 우려가 생겼다. 그러나 이는 한낱 내 개인적인 기우였으면 하는 간절한 바람을 안고, 멀어져 가는 피나투보 산을 오랫동안 뒤돌아보았다.

〈하늘 아이들〉

슬픈 민주주의

-무채색 마을 아이들

이십 년 전 레가시피라는 도시를 방문한 것을 처음으로, 그후 여러 번 필리핀을 가게 되었다. 갈 때마다 필리핀은 다양한 얼굴을 보여주며 많은 생각을 떠올리게 하는 나라였다. 공항이나 거리에서 구걸하는 아이들의 커다란 눈망울이 마음을 착잡하게 만들었고, 심지어 마닐라 시내에서도 자동차가 멈추기만 하면 달려들어 돈을 달라며 거침없이 손을 내밀어 놀란 적도 있었다.

거리에 쏟아지는 매연과 창문도 없이 내달리는 지프니들의 끝없는 행렬, 차량들과 뒤엉켜 도시는 아수라장이 되어 뜨거운 태양 아래 헉헉 숨을 몰아쉬고 있었다. 빈부의 차를 실감이라도 하듯이 대형 쇼핑몰들이 도심을 가득 메우고 있고 몰 안에는 갖가지 물건들이 산더미처럼 들어 차 있었다. 쇼핑을 즐기는 많은 필리핀 사람들이 있어 구걸하던 아이들의 무채색 표정과는 사뭇 대조를 이루고 있는 모습이었다.

반면에 태평양에 둘러싸인 섬나라답게 산호초며 청록색 물색을 담은 천혜의 바다풍광들이 남국의 정취를 즐기려는 이의 마음을 달뜨게 만드는 곳이기도 했다. 때로는 화산폭발과 지진으로 멍들고 찢기면서도 느리지만 자연에 순응하면서 천진스런 표정으로 살아가는 묘한 나라였다. 남편은 여행이 있기 전 우선 복잡한 풍경을 떠 올리며 선뜻 나서기를 꺼려했다. 이번 여행에 일행이 아홉 명이었는데 국내외 뉴스를 접해서인지 안전을 염려하는 친구도 있었다. 이렇듯 숨이 막히는 환경 속에서도 행복지수가 세계적으로 높다고 하니 이 아이러니에 마음이 묶여 여러 번 이 나라를 찾게 된 이유인 듯하다.

아무튼 일행은 마닐라 알라방이라는 신도시에 숙소를 잡고 여정을 시작하였다. 필리핀의 문화를 알 수 있는 빌라 에스쿠데로 탐방이라든지 바탕가스에 있는 한 리조트로 이동하여 해수탕과 호핑투어를 즐겼다. 어떤 신변의 우려도, 구걸하는 아이들도 없는 천혜의 자연환경 속에 몸과 마음을 놓아두고 평온한 일정을 보냈다. 마지막 날은 마닐라 외곽에 있는 바세코를 방문하여 급식 프로그램에 동참하므로 여행의 의미를 더해 보고자 하였다.

바세코는 세계 3대 빈민촌이라고 한다. 원래 우리나라의 난지도와 같이 쓰레기를 매립하던 곳이었는데 점차 빈민층들이 이전해 와 판잣집을 짓고 살기 시작하여 지금은 이 마을 인구가 십만 명이 넘는다고 한다. 그 중에 아이들이 이만 명인데 하루에 한 끼의 식사도 제대로 하지 못하는 경우가 많다고 한다. 한국인이 운영하는 선교단체에서 이곳에 집을 마련하고 매일 오후 세시가 되면 삼백 명의 아이들에게 선착순으로 급식을 하고 있었다. 백 불이면 이들 삼백 명에게 한 끼 식사를 제공할 수 있다고 하여 일행은 기꺼운 마음으로 선뜻 성금으로 내놓기도 했다. 오늘은 직접 아이들에게 밥을 퍼 주며 한 시간이나마 몸으로 할 수 있는 봉사를 하기로 하였다.

마닐라 특유의 교통체증으로 약속 시간에 겨우 마을 어귀에 도착하였다. 길에서 놀고 있는 아이들의 검은 피부며 옷차림이 필리핀을 올 때마다 보아왔던 그 무채색이 여전했다. 예전과 달라진 것이라면 일행이 자동차에 내려 마을길을 걷고 있는데도 달려드는 아이들이 없었다. 낯선 이들이 마을을 찾아 왔는데도 관심을 두지 않고 천진한 얼굴로 놀이에 열중하는 모습이었다.

선교센터에 도착하였을 때는 일대 소란이 일고 있었다. 벌써 많은 아이들이 번호표를 탄 후 입구에 모여서서 소리를 높이며 떠들고 있어 귀가 먹먹할 정도였다. 체구가 아주 작은 아이로부터 제법 큰 아이까지 그리고 간혹 엄마인 듯 보이는 앳된 여자가 젖먹이를 안고 있는 모습도 보였다. 형편없는 옷차림이며 심한 피부병을 앓고 있는 아이도 눈에 들어왔다.

일행 중 몇 명은 주방에 들어가 밥을 푸고 찬을 담았다. 다른 파트는 밥을 나르거나 아이들이 자리를 잡는데 안내를 하였다. 또 다른 파트는 삼백 명의 아이들에게 밥을 담아 줄 식기가 모자라 식사를 마치면 재빨리 받아 설거지를 하였다. 영양실조에 걸린 아이들을 별도로 관리하고 있었는데 나는 이 아이들에게 밥을 먹도록 도와주는 일을 맡았다. 숟가락으로 밥술을 떠서 입에다 갖다 대면 평소에는 별로 클 것 같지 않은 입을 쩍쩍 벌리며 받아먹었다. 간혹 어떤 아이는 제몫을 다 먹지 않고 준비해 온 비닐봉지에 담고 있었다. 집에 가져다가 식구들 중 누구를 주려는 심산인 듯 보였다. 제 혼자 먹기에도 충분치 않을 양인데 그것을 담고 있는 모습을 보니 이 상황을 어디에다 물어봐야 속 시원한 설명을 들을까 하는 착잡한 심정이었다.

식사를 마친 아이들이 간혹 이름을 물어오기도 하였다. 까만 눈동자를 깜빡이며 제 이름은 베베라고 하는 아이도 있었다. 이름을 알려주면서 '갓 블레스 유'라고 하였더니 흰 이를 드러내며 큰 소리로 웃는 모습이 행복한 나라 아이답게 마냥 해맑아 보였다.

시끌벅적한 북새통을 치르면서 한 시간이 순식간에 지나버렸다. 어느 덧 아이들이 모두 돌아가고 홀 안은 텅 비게 되었다. 매일 이렇게 전쟁을 치르듯 이 급식 프로그램을 진행하고 있는 이곳 담당 선교사는 한국에서 다니던 직장도 그만두고 자비를 들여 이를 돕고 있다고 했다. 사전에 제대로 된 준비도 없이 맞닥뜨린 이 풍경은 우리에게 쉽게 다스려지지 않을 충격으로 다가왔다. 무채색 마을을 빠져 나오는 내내 마음에 돌덩이 하나 얹어 놓은 기분이었다. 이렇듯 납득이 쉽지 않은 풍경이 왜 만들어져야 하는지, 누구에게 물어봐야 하는지 머릿속이 온통 어수선하기만 했다.

저녁을 먹기 위해 이미 예약된 음식점으로 들어갔다. 붉은 빛이 도는 고기가 나오고 갖은 채소며 버섯, 해물들이 탁자 위로 그득 차려졌다. 방금 받은 충격도 채 가시기 전에 맞닥뜨린 이 저녁상을 우리는 어떻게 받아드려야 될지 잠시 혼란스러웠다. 그래서인지는 모르겠지만 주문한 양을 제대로 먹지 못하고 음식들을 대부분 남기고 말았다. 남은 음식들 위로 출입문에 매달려 있던 무채색 마을 아이들의 커다란 눈망울이 겹쳐지면서 또다시 해답을 어디서 찾아야 할지 그저 난감한 생각만 들었다.

우리가 앉은 오른편에서는 색이 고운 옷을 입은 여자아이가 걸을 때마다 소리를 내는 신발을 신고 식당 안을 이리저리 다니고 있었다. 아빠인 듯 보이는 한 남자는 아이의 손을 잡고 못내 예쁘다는 듯이 만면에 미소를 띄운다.

왼쪽에는 한국인 부부가 필리핀 여성과 아이를 데리고 식사를 하고 있었다. 부부의 식탁에는 수저가 놓이고 음식이 푸짐히 차려졌으나 동행한 여성 식탁에는 아무것도 놓여지지 않았다. 그 여성은 보모인 듯 부부가 맛있게 식사하는 동안 아이를 의자에서 떨어지지 않도록 내내 붙드는 일만 하고 있었다. 우리의 상식에 기댄다면 이런 생경한 광경도 이들의 행복지수에 포함되는지 아연해질 뿐이었다.

진정한 민주주의의 양대 원칙은 자유와 평등이다. 황금이 점점 세상을 지배해가는 현실 속에서 슬픈 민주주의를 대하니, 자본주의 최악의 선물이 인류의 종말이 되지 않을까 하는 생각이 불현듯 떠오른다.

다음에 또 필리핀을 행선지로 정한다면 나는 비행기를 탈 수 있을까. 그래도 필리핀은 분명 나를 찾아 떠나기에 더없이 좋은, 가슴을 먹먹하게 만드는 나라다.

3, o'clock Feeding Programme

2. 그림이 있는 풍경

향을 피우고 차를 달이며

임진강 노을

홍릉의 봄

배봉산에 내리는 비

그림이 있는 풍경

공평한 저울

사랑해야 할 이유

아름다운 눈

철쭉이 피는 날

향을 피우고 차를 달이며

멀리 광양에 살고 있는 회원으로부터 녹차 한 통이 보내져 왔다. 지리산 산중에서 딴 햇차라면서 귀한 손님 대접할 때 쓰라는 말을 덧붙였다. 연녹색 용기에 두 봉지가 들어있었는데 이제는 거반 비고 반 봉지쯤 남았다.

지난 겨울에 항주를 여행하면서 그 유명하다는 용정차 생산지를 갔다. 차에 대해 그리 깊은 식견을 갖추지는 못했지만 한눈에 빛이 나는 녹색이 탐스러워 보였다. 시음하라며 한 잔씩 건네주었는데 혓끝에 감기는 맛과 향이 그윽했다. 그러나 선뜻 사고 싶은 마음은 없었다. 중국 제일의 차라고 하지만 지리산 차만큼이나 할까 싶어서였다. 대신 어제 들른 소주에서 암녹색 다기셋트를 구입하였다. 가이드의 설명에 의하면 이곳에 판매되는 다기는 모두 명인들의 작품이라고 한다. 주전자 뚜껑에 새겨진 문양이 조잡해 보여 크게 믿음이

중국 항주 서호에서

가지 않았다. 그래도 일반 도자기보다는 찻물이 식는 정도가 더디고 돌의 특성으로 인해 깊은 차맛을 내줄 것이라는 생각은 들었다.

하루는 그 다기를 챙겨들고 한적한 곳에 가서 시간과 마음의 여유를 즐기며 지리산차를 우려마시고 싶었다. 월악산 산중에 자리하고 있는 고향집이 제격일 것이라는 생각이 들었다. 어둑해지자 아궁이에 군불을 깊이 지피고 뜨뜻한 아랫목에 남편과 마주 앉았다. 보름이 가까운지라 창호지문에 비치는 달빛이 유난하다. 멀리서 우는 소쩍새 울음소리가 한밤을 더욱 고즈넉하게 만든다. 마당 가로 흐르는 시냇물 소리도 더욱 청아하다. 코끝을 스미는 차향에 절로 취한다. 술로만 취하는 줄 알았는데 물로도 취할 수 있다는 어느 작가의 말이 떠오른다. 이 맑은 찻잔에 매화라도 한 잎 떨어뜨린다면 더욱 황홀하리라 생각해 본다.

일주일 쯤 전이었을까. 예기치 않았던 매화차를 마시는 행운이 있었다. 이광수 사적을 찾아 나선 문학기행에서 그가 칩거했던 사릉집과 봉선사 입구에 세워진 기념비, 〈돌베개〉를 집필했던 다경향실 터를 둘러보았다. 이광수는 동학과 기독교에도 귀의하였으나 그의 팔촌 동생인 운허 스님의 영향으로 다시 불교에 입문하게 된다. 봉선사에 들어갔을 당시는 일제로부터 해방이 되자 그의 친일행적으로 말미암아 세인의 시선이 따가울 때였으니 일종의 은둔 생활이었다. 운허 스님은 그를 위해 방 하나를 수리하여 주었는데 문미에 다경향(茶經香)이라는 추사체로 쓴 액을 붙여주었다고 한다. 다경향이라는 것은 이름 그대로 향을 피우고 경을 읽고 차를 달인다는 의미이다. 이곳에서 집필한 〈돌베개〉를 보면 찻중에 따라내는 한 잔의 차로 마음은 더욱 맑아져 화택번뇌는 한동안 떠났다고 서술하고 있으니 얼마나 차를 가까이 했는지 짐작이 간다.

이제는 그곳에 다경향실터였다는 것만 알려주는 돌기둥이 하나 서 있을 뿐이다. 돌아나오는데 봉선사에서 신축한 다실이 있다며 신 교수님이 안내를 한다. 단아한 한복으로 곱게 차려 입은 두 분이 일행을 맞았다. 조심스레 자리를 잡고 앉으니 찻상에 다기가 차려졌다. 한 집음 차를 넣어 곱게 우러난 차를 따라내자 코끝에 스미는 맑은 향이 일품이었다. 녹차향도 깊고 오묘한데 다시 물을 부어 차중에 따르니 이번에는 찻잔마다 청매(靑梅)가 한 장씩 띄워진다. 매화에는 백매, 홍매 등이 있는데 그 중에서 옥색이 감도는 청매가 가장 귀하다고 한다. 그러한 청매의 향기롭고 맑은 향기가 온몸 뼛속까지 스며든다. 눈 속에 피어난다는 설중매로도 대견하지만 이러한 지극한 향기로 선인들의 매화사랑이 으뜸이었나 보다.

봉선사 뒤뜰에 커다란 매화나무가 한 그루 있다. 족히 몇 십 년을 컸을 법한 풍채인데 이광수가 이곳에 머물렀을 때 있었던 나무인지는 모를 일이다. 만약 이 매화를 가까이 두고 있었다면 차로 즐겼을 법도 하다. 조선조의 강희안이 쓴 〈양화소록〉을 보면 매화를 '얼음처럼 맑은 넋, 구슬처럼 희고 깨끗한 골격'이라고 하였는데 이광수가 남기고 간 행적과는 격이 맞지 않는 듯하다. 더군다나 조선을 위해서 친일을 했노라는 그의 외침이 명품이라고 하는 중국 소주의 다기처럼 크게 믿음이 가지 않는다. 그러나 우려낼수록 그 향이 그칠 줄 모르는 좋은 차와 같이 문학의 깊은 맛을 끊임없이 내는 그의 걸중한 작품들은 제 빛으로 평가를 받아야 마땅할 것이다. 그리고 그의 외침에 옳고 그름을 따지는 일과는 관계없이 결코 원치 않은 긴 겨울을 건너온 한시대의 대문호에게 화창한 봄날을 마련해 줄 수는 없는 것일까.

이제부터 내게도 정신의 다경향실을 고향에다 마련하고자 한다. 향을 피우는 일 대신에 군불을 지펴 자욱한 연기를 피워올리고, 경을 읽는 대신에 맑고 향기나는 글을 읽으며, 달빛이 창호지문에 가득한 밤에 용두산에서 내리는 맑은 물을 떠다 차를 달여 마시고, 내 안에서 내는 깊은 소리를 들으려 한다. 내년 봄에는 필히 매화나무를 마당가에 심어놓고 매화차도 곁들여야겠다. 한 잔의 차향에 취하고 곁들여 매화향에 취한다면 행복에도 절로 취해질 것이 아닌가. 그리고 세상사에서 옳고 그름을 구태여 따지지 않고 마음의 여유를 품게 하는 내 안의 다실(茶室)도 생겨나지 않을까.

임진강 노을

전후세대인 나는 전쟁의 역사로 둘러쳐진 문산이 첫 방문이라 그렇기도 하겠지만 낯선 도시라는 생각이 들었다. 반세기도 더 넘은 전쟁의 상흔들이 곳곳에 새겨져 있어 평소에 보아오던 익숙한 풍경들은 아니었다. 조선 시대 단종의 절육신이었던 황보인의 묘역에 있는 묘비에도 선명한 총탄자국이 흉물스러웠고 선유리에 생성되었다는 기지촌도 금단의 땅처럼 을씨년스러워 보였다. 낮은 집들이 다닥다닥 붙어 있는 좁은 마을길도 텅 비어 있었다. 한국전쟁이 발발하고 미군부대가 곳곳에 들어서면서 기지촌 여성들이 뿌린 붉은 눈물이 얼마나 될까. 그들이 벌어들인 외화가 당시에 우리나라 달러 소득의 삼분지 일을 차지하였다니 아프고 쓰린 우리의 현대사가 아닐 수 없다. 오늘 안내를 맡아 준 쇠꼴마을 촌장은 그래도 우리가 안고 가야할 역사이기에 상징물로서 이 마을이 보존되어야 할 것이라고 한다.

오후에는 임진강 황포돛배를 타기로 하였다. 분단의 우울한 현장을 온몸으로 알리고 있는 곳이 임진강만한 강이 또 어디 있을까. 함경도 마식령에서 발원하여 북녘땅을 두루 감아 휘돌다가 철책선을 넘어 연천 땅으로 흘러들면서 남녘 실향민들의 가슴을 회한으로 적시는 강이다.

두지나루에서 승선한 황포돛배는 임진강을 미끄러지듯 나아간다. 황포돛배는 조선시대 전통방식으로 만들어져 광목에 황토물을 들여서 바람을 가르며 달리던 배이다. 불과 얼마 전만 해도 이곳이 민간인 통제구역이었다. 2004년부터 비록 유람이지만 뱃길이 열리면서 통일의 꿈을 안고 임진강 위에 두둥실 황포돛배가 띄워졌다.

황포돛배 유람의 진수는 자장리 적벽을 즐기는 것이라고 한다. 임진강에 여러 곳에 있는데 그중 자장리 적벽이 가장 빼어나 조선시대 겸재 정선을 비롯하여 많은 시인과 묵객들이 이곳에서 풍류를 즐겼다고 한다. 그러나 적벽 아래쪽에 있는 동굴에서 한국전쟁 당시 희생된 수많은 시체들이 발굴되었다고 하니 전쟁의 참화는 이 국토 어느 곳 하나 성하게 둔 곳이 없는 듯하다.

잔잔한 임진강물에 몸을 맡긴 황포돛배는 이십여 분쯤 운항하다가 고랑포여울목까지 가서는 회항한다. 3킬로미터만 더 가면 북한 땅이라고 하는데 남방한계선에 막혀 뱃길을 돌린다. 고랑포는 한국전쟁이 발발하기 전까지도 서울 마포나루에서부터 올라온 상선들이 매일 10여 척씩 드나들면서 성시를 이루었다. 황해도 내륙지방에서 생산되는 각종 농산물을 실어가고, 소금이나 새우젓, 직물들을 구입

하려는 사람들이 모여들면서 포구는 활기로 넘쳤다. 수십 채의 가옥들과 우체국이며 서울 화신백화점의 연쇄점까지 있었다고 하니 번창했던 고랑포의 모습을 짐작할 수 있다. 지금은 분단과 철책선이라는 새로운 역사적 용어(用語)가 등장하면서 임진강 마지막 포구의 역할을 끝냈다. 또한 임진강 상류로부터 해마다 장마 때면 떠밀려온 퇴적물이 바닥에 쌓이면서 배가 포구에 접근할 수도 없다고 한다. 이에 청와대를 습격하기 위해 침투했던 김신조 간첩단들이 철책선을 뚫고 이곳을 건너서 침입했던 곳으로도 유명하다. 파주시가 계획하고 있다는 옛 고랑포 복원은 분단의 상처를 아우르고 철책선을 걷어내는 또 하나의 초석이 되지 않을까 생각해 본다. 강물이 흐르듯 역사도 흐르고 한 세기를 휩쓸며 폭풍처럼 일어난 그 이데올로기(思想)도 흘러갈 것이다. 한낱 허상에 지나지 않는 이데올로기 앞에서 광란하던 인간들의 행태를 아는지 모르는지 오늘도 임진강은 흐르고 있었다.

황포돛배를 벗어나 진남교를 건너면 신라 마지막 왕인 경순왕릉이 지척에 있다는 말을 듣고 서산에 걸린 해를 바라보며 부지런히 달린다. 얼마 전만 해도 일일이 신분을 조회받고 출입이 허락되었다고 하는데 지금은 그러한 절차가 없어졌다. 주차장에 자동차를 세우고 얕은 오르막길을 걷고 있는데 양쪽으로 쳐져 있는 철책선 군데군데 지뢰라는 붉은 표지가 눈에 들어왔다. 그 표지는 마치 허망하기 이를 데 없는 이데올로기의 한 대변자가 되어 또다시 인간을 위협하는 것 같아 마음이 답답해진다.

경순왕은 아는 바와 같이 마의태자의 아버지이며 고려 왕건의 사위이기도 하다. 전쟁으로 인하여 백성들을 도탄으로 몰아넣지 않기 위해 왕건에게 평화스럽게 왕위를 물려주고 신라를 떠나 고려에 귀순하게 된다. 살아서는 신라로 돌아가고픈 마음으로 도라산을 올랐고 죽어서는 민심의 동요를 우려해서 백 리 밖으로 벗어나서는 안 된다는 고려에 의해 이곳 고랑포에 안장된다. 당시 고려가 허용한 거리 안에서 최남단인 이곳, 지금은 우리 국토의 허리인 철책선 부근에서 쓸쓸히 잠들어 있다.

오늘 낯선 도시 곳곳에서 만난 전쟁의 혈흔들은 어떠한 명분이더라도 전쟁은 없어야 한다고 무언의 항변을 하고 있다. 우리에게 그토록 회한의 고통을 주고 또한 그렇게도 강력하게 보이던 이데올로기라는 그 허상은 이제 무너져 내리지 않았는가. 작고 왜소한 국가가 그것도 두 동강이로 나뉘어져 반목하며 불신하는 분단풍경도 걷어내야 할 것이다. 경순왕릉은 폐왕이 되면서까지 백성들을 위해 고려와 화친했던 역사적 사실을, 그것도 비무장지대 철책선 부근에 묻혀서, 오늘 우리에게 눈여겨 봐달라고 이르고 있는 것은 아닐까.

오던 길을 돌아나오는데 차창 밖으로 보이는 임진강에 어느덧 노을이 내려앉고 있다. 오늘따라 그 노을은 내일 아침 떠오를 새로운 태양을 위해 융단을 깔고 있는 듯 보인다. 내일에는 아무 색깔도 끼어들지 않는 하얀 태양이 떠올랐으면 하는 바람을 가져보며 자유로를 달린다.

홍릉의 봄

봄이라고 하기엔 꽃샘추위로 인해 혹독한 날씨다. 지하철에서 내리자 뿌연 회색빛 하늘에 비까지 내린다. 오후가 되면서 오늘은 홍릉을 다녀와야겠다는 생각이 불현듯 들어 사무실을 나왔는데 우산도 없이 가야 하나 말아야 하나 잠시 주춤거렸다. 그러나 오늘 아니면 또 언제 와보랴 싶어 내친김에 모자를 눌러쓰고 홍릉쪽으로 향했다.

서울로 이사와서 처음으로 살게 된 동네가 홍릉이었다. 행정구역상은 청량리였지만 마을 뒷산인 홍릉 바리산은 어린 시절 우리들의 놀이터였다. 지금은 공원으로 개발되어 능 주위에도 숲과 나무들이 우거져 있지만 당시는 거의 모래언덕으로 된 민둥산이었던 것으로 기억한다. 세 살 아래인 동생은 신설된 홍릉학교에 다녔고 5학년이었던 나는 학년이 없어서 휘경학교를 다니게 되었다. 청량리 정신병원의 높은 담장을 바라보며 긴 골목을 내려와 떡전교라는 구름다리를 건너 매일 학교에 다녔다. 떡전교는 도성까지 시오리길을 남겨두고 모여든 사람들이 출출한 배를 채우기 위해 이곳에서 떡을 사먹었다고 하여 붙여진 이름이다. 그러나 우리는 이 다리를 구름다리라고 불렀고 이 이름이 더 좋았다. 멋스럽기도 하고 구름 위를 걷는 것 같은 신비로운 기분을 느끼게 했기 때문이다.

홍릉 바리산을 내려오면 봉분이 두 개 덩그라니 있었다. 개방이기보다는 그냥 방치되어 있어서 당시 누구나 자유롭게 드나들 수 있었다. 그 봉분이 누구의 무덤인지는 모르지만 유명한 사람일 거라고만 생각하고 그곳에서 자주 놀았다. 묘 주위를 돌면서 오래 달리기도 하고 잔디 위에서 미끄럼도 타며 어린 시절을 보냈다. 사람들이 홍릉이라고 부르길래 그런가 보다 했다.

나중에 알고 보니 홍릉은 원래 고종황제의 비인 명성황후를 모신 곳이었다. 명성황후는 을미년 경복궁에서 일인들에게 무참히 시해당한다. 서인으로 강등되었다가 복호되고 다시 명성이라는 시호가 내려지면서 국장으로 왕실 묘자리인 홍릉(지금은 산림연구원이 있는 산허리)에 안장된다. 다시 고종이 승하한 후 남양주시 금곡으로 이장된다. 능이 있었을 당시 이 일대를 홍릉이라고 부르면서 지금까지도 그리 이름하고 있다. 지금은 왕실 가족묘로 영휘원과 숭인원 두 묘가 사적 제361호로 관리되고 있다.

어린 시절에 놀던 기억을 떠올리며 원내로 들어섰다. 이곳이 고종황제의 후궁인 순헌귀비(純獻貴妃) 엄씨의 묘라고 하는데 놀이터쯤으로 여겼던 철부지 시절을 생각하니 송구했다. 순헌귀비 엄씨는 명성황후의 시중을 들던 시위상궁이었다. 명성왕후가 돌아가시고 아관파천 때 고종을 모시고 러시아 공사관으로 피신하기도 했다. 조선 마지막 황태자인 영친왕을 낳은 이후로 정식으로 귀인으로 봉해졌다가 후에 황비로 책봉된다. 그러나 저물어가는 나라와 함께 아들이 일본에 볼모로 잡혀가는 등 수난의 세월을 보내게 된다. 급기야는 영친왕이 일본사관학교에서 훈련을 받으면서 주먹밥을 먹는 활동사진을 보자 떡을 먹다가 급체하여 이틀만에 세상을 떴다고 한다.

숭인원은 순헌귀비 엄씨 손자이며 영친왕과 이방자 여사 사이에서 태어난 이진(李晋)의 묘이다. 영친왕 부부가 잠시 귀국해 있을 때 의문의 죽음을 당하는데 일인들에 의해 독살되었다는 설이 있다. 순종이 이진의 죽음을 애석히 여겨 성인의 예를 갖춰 후히 장례를 치르도록 명을 내려 왕실 가족묘역인 이곳에 안장되었다. 9개월 밖에 살지 않은 아기의 묘라고는 믿기지 않을 정도로 숭인원은 할머니인 순헌귀비 엄씨의 묘와 별반 다를 것이 없었다. 기울어져가는 국운의 서러움을 어린 한 왕자의 죽음을 통해 풀어보려고 했던가. 무심코 지내왔던 홍릉이 혼란했던 구한말 격동의 세월을 대변하고 있는 듯하여 날씨만큼이나 마음이 추워진다. 이를 아는지 돌아나오는데 홍살문 앞에 만개한 연분홍빛 진달래도 왠지 파리해 보인다.

바람은 세차게 불고 비는 아직도 오락가락한다. 온김에 옛집 터가 어디쯤인가 궁금해지면서 홍릉사거리에서 떡전교 방향으로 접어들었다. 청량리중앙교회 담 밑에 살았는데 교회는 말끔히 단장되었지만 그 아래로는 도로가 나 있어 옛집 모습은 찾을 수가 없었다. 주위를 둘러보니 새로 지은 건물들과 아파트 사이로 비탈진 좁은 골목이 쉽게 눈에 들어왔다. 세월의 두께에 눌려 낡을 대로 낡은 회색빛 담장들이며 얼기설기 엮어놓은 보도블럭들, 사십여 년 전 모습 그대로이다. 정겹다는 생각보다는 아직도 가난이 미련을 못 버리는 동네인가 싶어 마음이 또다시 스산해진다.

청량리라는 지명은 예전에 도성 사람들이 성외 피서 및 교외로 나가던 곳이라 이름 그대로 맑고 서늘한 동네라는 뜻이라고 한다. 그러나 산업화가 시작되고 이농인구가 늘어나면서 중앙선 종착역인 청량리는 농촌에서 이주한 또다른 도시의 서민층들이 모여든 곳이다. 판잣집을 짓고 블록 담을 쌓으면서 가난하던 시절을 살아왔다. 맑고 서늘한 동네로 피서를 즐겼다던 멋스런 풍광보다는 낡은 세월을 물고 서 있는 잿빛 기억들이 더 떠오르는 것을 어쩌랴.

한나라의 국모가 낭인들에 의해 처참한 최후를 맞은 을미사변이나, 마지막 황태자 영친왕의 볼모사건이나, 그로 인해 가슴을 끓이다가 세상을 뜬 엄 귀비, 의문의 죽음을 당한 이진 왕자, 모두가 가난하고 힘 없었던 나라때문에 벌어진 비극이 아니었던가. 꽃샘추위도 지나면 계절은 봄이 오겠지만, 서러운 눈물의 역사를 씻을 홍릉의 봄은 언제쯤 되려는지. 좁은 골목길을 내려오면서 바람 찬 먼 하늘을 올려다보았다.

배봉산에 내리는 비

구청 공원녹지과로부터 배봉산 무장애숲길에 회원들의 작품을 몇 점 걸고 싶다는 연락을 받았다. 지난 해 청량리 역사에서 시화전시할 때 디자인된 작품들을 넘겨주고는 바로 현장에 가 보질 못했다.

동인지에 게재할 화보 사진도 찍을 겸 오늘은 만사를 제쳐놓고 가기로 하였다. 구름이 잔뜩 낀 하늘이 비가 올 듯도 해서 우산도 챙기고 물도 한 병 배낭에 넣었다.

휘경펌프장에서 버스를 내려 연육교 계단을 오르니 나무로 만들어진 무장애숲길이 나타났다. 무장애숲길은 장애인들이 휠체어로 오를 수 있는 편리한 길을 말한다. 인공적인 면이 있어 산을 오르는 재미가 좀 덜 했지만 장애인들이나 어린이들을 위한 구청의 세심한 배려가 엿보였다.

무장애숲길에는 휴게쉼터가 세 곳이 있었는데 이곳에 우리 회원들의 작품이 간간이 전시되어 있었다. 회원들의 작품에 그림을 넣어서 디자인한 시화들이 주위의 자연경관과 잘 어울렸다. 그리고 무엇보다 오가는 이들에게 아름다운 문학의 정서를 나눌 수 있어 뜻있는 기획이라는 생각이 들었다.

만남의 광장에는 정자와 여러 가지 운동기구들이 놓여있다. 황톳길이 시작되는 지점에 삼육병원에서 구민들을 위해 담을 헐고 일부를 기념비적으로 남겨둔 블록이 보였다. 그 앞에 배봉산의 유래가 적힌 안내판이 있다. 구청 소식지 심의위원을 몇 년째 하면서 배봉산 근린공원 조성에 대한 기사를 많이 접했지만 현장에 와 본 것은 처음이었다. 그리고 오늘에야 배봉산에 대한 역사적인 사실을 자세히 알게 되었다.

황톳길을 지나 제2만남의 장소로 이동하였다. 휘경중학교 쪽으로 수빈 박씨의 무덤이었던 휘경원(徽慶園)의 팻말이 보인다. 지금은 남양주시로 이전하였지만 이곳의 휘경원이란 묘호 때문에 휘경동 명칭의 유래가 되었다고 한다. 오래전 시골에서 이사와서 전학한 학교가 휘경초등학교(당시 국민학교)였다. '희경'은 많이 들어보았는데 '휘경'은 귀에 설었다. 왜 '휘'자를 쓰는지, 그리고 무슨 뜻인지 누구한테 물어 볼 데도 없어 궁금해 했었다. 그러다가 얼마 전에 빛날 휘(徽)에 경사 경(慶)을 쓰는 '휘경'이 수빈 박씨와 연관이 있다는 것을 알게 된 것이다.

수빈 박씨는 정조의 계비로 순조의 생모였다. 왕위를 계승할 원자를 생산하여 정조에게 큰 기쁨을 주었고 후손이 없었던 중전 효의왕후와도 돈독한 관계를 유지하였다고 한다. 그러나 수빈 박씨는 원자를 낳았다고 교만하지 않고 중전을 상전으로 극진히 모시면서 조선시대 유례없이 내명부의 평화를 유지하는데 일조를 하였다. 청풍 김씨 효의왕후 또한 덕성이 높고 예의바르며 백성들의 칭송을 받던 왕후였다.

이렇듯 효의왕후와 수빈 박씨는 서로 남남으로 만났지만 신뢰와 믿음을 바탕으로 후세에 좋은 평판을 얻고 있다. 정조가 죽자 두 왕비는 일체 정치에 관여하지 않고 뒷전에서 조용히 여생을 보냈다. 일 년 사이로 각각 세상을 떠나시고 수빈 박씨는 돌아가신 후 휘경이라는 빛나는 이름을 얻으셨다. 다시금 휘경원 터라고 쓰여진 팻말을 바라보니 수빈 박씨의 삶이 생각나서 훈훈한 마음이 들었다. 비가 아직은 그리 올 기세가 아니어서 정상을 향해 올라가 보기로 했다.

그리 높은 산은 아니지만 그래도 정상에서는 주위의 경관이 시원하게 보였다. 정상을 지나 전농동 쪽으로 산을 조금 내려가니 아담한 정자 옆에 사도세자의 무덤이었던 영우원 터 안내판이 있었다. 기록에 보면 위생병원 뒷산에 간호학교 신축부지를 닦다가 사도세자의 천장문이 발견되었다고 하는데 거기와는 거리가 있는 이곳에 안내판이 서 있었다. 안내판에는 현재 영우원의 정확한 위치는 알 수 없다고 적혀 있었다. 아무튼 이 두 왕실의 묘원이 있어 백성들이 고개를 숙이며 지나갔다 해서 이 산이 배봉(拜峰)이라는 이름이 붙여졌다는 것이다. 또한 사도세자의 아들 정조가 아버지에 대한 불효를 씻기 위해 이 산을 향해 절을 했다고 해서 불리워졌다고도 한다.

사도세자는 아는 바와 같이 조선의 영조가 사십 세에 얻은 아들이었다. 영조의 노여움을 사서 스물여덟 살 때 뒤주에 갇혀 있다가 팔일 만에 죽게 된다. 시신은 선운문을 나와 지금의 배봉산인 양주 땅에 봉분도 없이 급히 묻히고 처음에는 수은묘(垂恩墓)라 하였다. 정조가 왕이 된 후에 영우원(永祐園)으로 불리다가 수원 화성으로 옮겨 지금은 혜경궁 홍씨와 함께 묻혀 있으며 융릉이라고 부르고 있다.

당시 기록을 보면 영조는 손자 정조로 하여금 장례식에도 참여하지 못하게 하였다가 후에 가끔 허락을 하여 묘소를 찾게 했다. 혜경궁 홍씨는 남편을 억울하게 보내고 장례식은커녕 33년이 지나 수원으로 이전한 후 융릉을 참배할 수 있었다.

꾸물꾸물하던 하늘에서 어느새 간간이 비를 뿌리고 있었다. 영우원과 휘경원 터를 차례로 돌아보면서 조선 왕실에서 가장 비극적인 사건과 중전과 후궁사이에 투기없이 내명부가 가장 편안했던 역사를 읽게 되었다. 훈훈한 마음이 들었는가 하면 아들까지도 믿지 못하고 처참하게 죽음으로 내몰았던 비극의 사건을 대하니 내리는 비 만큼이나 착잡했다.

영조는 아들에 대한 신뢰와 믿음이 없었기 때문에 당쟁에 희생시키면서 참사를 일으킨 것이 아니었을까. 후궁 수빈 박씨와 중전 효의왕후는 높은 덕성과 돈독한 신뢰를 바탕으로 조선시대 왕실 역사상 가장 편안한 내명부가 되면서 정조로 하여금 찬란한 치적을 쌓을 수 있게 하지 않았을까. 이렇듯 역사가 기록한 대조적인 삶과 죽음을 보면서 유한한 우리네 삶 또한 어떻게 살아야 할 것인가 곰곰이 생각해 보았다.

다시 무장애숲길을 내려오는데 우리 회원들의 시화 작품들이 비 내리는 역사의 현장에서 두런두런 내게 말을 거는 듯했다. 우리네 삶 속에 믿음과 신뢰를 쌓아가는 길이 문학을 바로 하는 길도 된다고 말이다. 문학이 곧 삶이어야 되지 않겠는가.

배봉산에 내리는 비는 점점 더 두런거리고 있었다.

그림이 있는 풍경

유학하고 있던 아들이 잠시 귀국하면서 에밀리 카와 그룹 오브 세븐의 화보집을 가지고 왔다. 캐나다를 여행하면서 알게 된 화가들이었는데 이들의 화보집을 꼭 갖고 싶었던 터라 반가웠다.

십여 년 전 문우들과 캐나다를 여행하면서 밴쿠버 미술관을 우연히 가게 되었다. 여정에 없었지만 이 미술관에서 처음으로 에밀리 카라는 빅토리아 출신의 화가를 만났다. 3층에 마련된 에밀리 카의 전시실에서 받았던 감흥을 지금도 잊을 수가 없다. 화폭에 담겨진 숲과 나무들은 매우 역동적이었고 자유로우면서도 힘차 보였다. 또한 원주민들의 생활과 문화를 소재로 한 많은 토템폴들이 인상적으로 다가왔고 에밀리 카만의 독특한 개성을 나타내고 있었다. 그후 어디를 가도 에밀리 카의 그림을 알아보는데 어렵지 않았다. 그래서 모든 예술에는 저만의 독특한 개성이 있어야 한다는 사실을 새삼 깨달으며 지금까지 써온 글들을 더듬어 보기도 하였다.

그룹 오브 세븐은 에밀리 카와도 친밀한 교제를 나눴던 일곱 명으로 구성된 화가들의 모임이다. 미술관들을 관람하면서 캐나다 안에서 이들에 대한 명성이 대단하다는 것을 알게 되었다. 이들은 1920년부터 토론토를 중심으로 캐나다의 대자연을 화폭에 옮기면서 최초로 자국적인 예술 활동을 하게 된다. 당시 유럽풍의 그림들이 주류를 이루고 있었던 때였다. 캐나다만의 독자적인 색채를 지닌 예술 세계를 확립하자 캐나다인들은 이들에 대해 대단한 자긍심을 가지게 되었다.

아들이 머물고 있던 토론토에서 출발하여 이들의 그림을 보기 위해 여러 미술관을 다녔다. 몬트리올 미술관을 시작으로 오타와 내셔널 갤러리, 온타리오 아트 갤러리 등 가는 곳마다 캐나다의 한 자랑처럼 이들의 많은 그림들이 걸려 있었다.

몬트리올 미술관에서는 에밀리 카와 깊은 교제를 나눴던 로렌 해리스의 〈슈페리어호의 아침〉이 마음을 단단히 붙잡았다. 가슴이 시리도록 차가운 푸른빛 호수 위로 떠오르는 아침 태양이 내 안으로 여지없이 파고들었다. 보면 볼수록 신비에 가까운 독특한 색감과 웅장하고 거룩한 대자연을 거침없이 표현한 대작 앞에서 한참동안이나 마음이 묶이는 경험을 하였다.

국내외 다양한 콜렉션을 갖추고 있는 오타와 내셔널 갤러리에서는 톰 톰슨의 대표작인 〈잭 파인〉과 〈서풍〉을 감상할 수 있는 호사를 누렸다. 톰 톰슨은 그룹 오브 세븐이 결성되기 전 이들에게 깊은 영향을 준 화가다. 고독한 잭 소나무와 강한 색상, 그리고 빛의 대조가 가슴을 먹먹하게 만들었다. 바람의 방향 따라 나뭇가지가 일렁이는 듯한 〈서풍〉의 감성도 고스란히 느낄 수 있었다.

토론토로 돌아와 온타리오 아트 갤러리를 무료로 입장하는 수요일에 두 번을 다녀왔다. 2층에 마련된 커다란 두 개의 방에는 그림들만 전시되어 있었고 다른 하나의 방에는 토론토를 중심으로 활동했던 기록들을 영상과 사진으로 보여주고 있었다.

전시실에 들어서자 홀 중앙에서 로키의 거대한 설산과 호수를 그린 로렌 해리스의 작품들이 가장 먼저 눈에 들어왔다. 푸른빛이 도는 하얀 설산들과 장대하게 솟은 봉우리들이 시선을 압도했다. 그의 그림은 추상에 가까운 단순한 구성이었지만 쉬우면서도 오히려 주제를 집약시켜 강렬한 메시지를 던져주고 있었다. 그때 글뿐 아니라 한 폭의 그림도 이처럼 깊은 감동을 전한다는 사실을 새삼 알게 되었다.

미술관을 다녀온 후 다시 캐나다 로키 마운틴을 여행할 기회가 있었다. 서스캐치완에서 꼬박 이틀을 자동차로 달리는 동안 관람

위부터 〈슈페리어호〉 〈잭 파인〉 〈서풍〉

에밀리카의 〈하늘〉

한 그림들을 연상하면서 내내 설렜다. 재스퍼 다운타운에서 바라보는 설산들은 몽환적인 풍경을 연출하며 신비롭기까지 했다. 로키에서 가장 큰 담수호 멀린 레이크를 마주하니 단순하면서도 힘찬 붓놀림과 절묘한 색상의 대비를 이룬 로렌 해리스의 〈멀린 레이크〉가 떠오르면서 가슴이 벅찼다. 모레인 레이크를 둘러싸고 있는 신비의 템플산도, 밴프를 두르며 흐르는 보우강도 그들이 화폭으로 옮겨 놓은 그림들이 있어 더욱 빛나 보였다. 강과 호수 그리고 빙하와 설산 등 로키의 자연이 이들의 손에서 다시 태어나 새로운 감동의 세계를 열어주고 있었다.

지금은 교통이 발달되었는데도 로키는 워낙 깊고 높은 곳이라 자연의 위협이 만만찮아 보였다. 그런데 당시 길도 제대로 나 있지 않은 원시림이었을 거친 로키에서 어찌 그리 열정적인 예술혼을 태울 수 있었을까. 원주민들의 마을을 찾아다니며 그들의 영혼을 작품으

로렌 해리스의 〈템플 산〉

로 남긴 에밀리 카도 거칠고 황량한 자연을 온몸으로 어찌 감당했을까. 목숨의 위협도 무릅쓰고 지켜낸 예술을 향한 강한 애착과 순수한 열망만이 아마도 가능했으리라. 그래서 자연의 생명력과 원주민들의 삶을 독특한 개성으로 고스란히 화폭에 담아내지 않았을까.

그림이 있는 풍경을 따라 미술관을 다녀오고 로키 마운틴을 돌아본 후, 나는 가끔 열에 들뜨곤 한다. 아들이 사다 준 화보집을 펼쳐 들 때마다 이들의 순수하고도 열정적인 예술혼을 온몸으로 느낀다. 내게도 이러한 순수한 열정과 예술혼을 내비칠 그 무엇이 있을까. 한 세기가 지나도 내 글에 감동할 단 한 사람이라도 있을까.

오늘, 그림이 있는 풍경들은 새롭고도 충분한 도전이었다.

공평한 저울

지난해 말부터 걸을 때마다 오른쪽 무릎에서 뚝뚝 소리가 나기 시작했다. 자연스레 걸음을 멈추게 되고 어느 날은 그 자리에서 주저앉기도 했다. 그 횟수가 점점 늘어나면서 생활하는데 불편해지자 병원을 찾았다. 오른쪽 무릎 연골이 파열되었다는 진찰 결과가 나왔다. 의사는 응급처치로 연골주사를 맞으라면서 다시 통증이 오면 그 때는 수술을 해야 한다고 한다. 나이보다 일찍 퇴행성관절염이 찾아왔다는 것이다. 이제 나도 별수 없이 황혼으로 가는 길목에 놓여있구나 하는 생각을 하니 마음이 우울해졌다. 한라산 정상을 올랐다는 친구의 말에 다음번에 꼭 같이 가자고 했는데, 내년에는 미국 옐로우스톤을 아들과 가기로 약속했는데 착잡한 기분이었다.

연골주사를 맞은 것이 약효가 다했는지 3개월쯤 지나자 무릎 통증이 일어나기 시작했다. 급기야 걸음을 옮길 수 없을 정도까지 되었다. 의사의 지시대로 입원을 하고 곧바로 수술에 들어갔다. 그동안 제대로 된 휴가를 못 얻었으니 푹 쉬어보자는 심산도 있었다. 그런데 수술은 30분이 걸렸다는데 8주가 지났는데도 오른발은 내 몸에서 그 역할을 전혀 하지 못했다.

문화 인류학자 마빈 해리스의 『작은 인간』을 보면 4백만 년 전부터 언어나 의식이 있기 전에 우리 조상들은 이미 두 발로 걸어 다녔다고 한다. 두 발로 직립하면서 손과 발의 기능이 분화되었고 발에서 분화된 손은 도구를 만들게 되었다. 이로 인해 오늘날 인류의 위대한 문명이 탄생하였고 그 후 눈부신 문명의 발달은 발이 있어서 가능하였다는 것이다. 이 책을 두 번 읽을 때까지도 첫머리에 나와 있는 발에 대해 그리 대수롭지 않게 생각했다. 두어 달을 병상에 있는 동안 세 번째 읽으면서 비로소 발이 눈에 들어오기 시작한 것이다.

또한 이 무렵 TV에서는 런던 올림픽경기 중계가 한창이었다. 사력을 다하여 경기하는 선수들의 모습을 지켜보면서 그들의 다리를 전에 없이 유심히 보게 되었다. 의족을 하고 나온 남아공의 마라토너 오스카 피스토리우스에게 전에 없던 힘찬 박수를 보냈다. 단지 한쪽 무릎 때문에 우울해 있는데 두 다리를 모두 의족에 의지하여 저렇듯 열심히 달릴 수 있다니 감탄이 절로 나왔다.

그런데 육상종목에서 선수들 거의가 흑인이라는 사실을 뒤늦게 알았다. 육상에서 아프리카 자마이카의 우사인 볼트가 인간탄환이라는 또 하나의 이름을 얻으며 3관왕을 차지했다. 볼트가 달리기를 할 때 느린 영상을 보니 긴 다리가 내디디는 보폭의 탄력성은 가히

경이할 만했다. 단단한 근육과 뛰어난 순발력을 보니 인간탄환이란 표현이 참으로 근사했다. 이렇듯 흑인들은 선천적으로 발달된 대퇴부 근육과 월등한 심폐기능, 또한 뼈도 단단하여 다른 인종이 따라가지 못할 인체구조를 타고났다고 한다.

마빈 해리스는 『작은 인간』에서 백인이 전적으로 우월하다는 토마스 헉슬리의 주장을 반박하고 있다. 지형적인 원인을 들면서 아프리카는 사하라 사막에 의해 로마가 유럽에 물려준 테크놀로지의 유산으로부터 차단당했다는 것이다. 사막을 횡단하는 데만 골몰한 나머지 바다로 모험을 나설 만한 동기를 갖지 못하여 5백년간 아프리카는 후퇴하게 되었다. 권력자들은 금광이 바닥나자 사람들을 유럽에 노예로 팔았고 유럽인들은 아프리카 정부를 식민지로 만든 후 백인이 우월한 인종임을 주장하였다. 흑인들의 지능지수도 이러한 체계적인 억압 때문이지 유전자적인 요인을 아니라는 것이다. 언젠가 그들도 빛을 볼 때가 있을 것이라고 결론을 지었다.

어쨌거나 현대에 들어오면서 특히 스포츠에서 흑인들이 두각을 나타나기 시작했다. 밀림을 달리며 사냥하던 그 단단한 인체구조는 백인들을 월등히 능가했다. 비약이 될지 모르겠지만 조물주의 공평한 저울이 근대에 와서 다시 제 기능을 다 하고 있는 게 아닐까 하는 생각까지 든다.

그동안 내 생활을 가능케 하는 것은 대부분 손이라고 생각했다. 발에 대한 존재감은 눈에 보이지 않는 공기와 같이 여겼고 그의 공헌에 대해서도 당연한 것으로만 알았다. 근래 들어 발은 몸을 지탱하는 기둥이면서 삶의 지주라는 사실을 새삼 절감한다. 몸이 전진할 수 있는 기능을 전적으로 수행한다는 사실도 넉넉히 공감한다.

마빈 해리스가 일찍이 간파한 손도 발이 있어서 위대해졌다는 주장이 적어도 이번 기회에 내게 설득력을 더한다. 또한 백인이 흑인보다 더 우월하지 않듯 우리 인체 어느 곳 하나 우월하거나 열등한 것이 없다는 것이다. 비단 인체에만 국한 되는 이야기가 아닐 것이다. 우리가 살아가는 세상의 모든 관계에서 더욱 그렇지 않을까.

그러고 보면 내 삶 속에서도 자만심에 빠져 혹 소홀히 대한 것은 없는지 돌아본다. 우월과 열등은 사람들이 세워놓은 허무한 신념이지 조물주는 인간에게 공평한 저울을 언제나 사용하고 있을 것이라고 나는 생각한다.

사랑해야 할 이유

나는 요즘 서점을 자주 간다. 자료수집을 위해서도 가지만 주로 책구경을 하기 위해서다. 진열대 앞에서 어정거리면 저마다 큼지막한 제목을 하나씩 단 책들이 소리 없는 아우성이다. 현란한 색채화장을 한 가지각색의 표지들도 내 오감을 자극하며 발걸음을 잡는다. 그 모습들이 정겨워 기꺼이 그들의 유혹에 넘어가기로 한다.

기행도서들이 모여 있다가 눈짓을 하면 못이기는 척 다가간다. 악수를 청하듯 손을 내밀어 책장을 넘긴다. 봇물이 터지는 것처럼 여행이야기들이 쏟아진다. 그 이야기 속으로 들어가 정처없이 길을 떠난다. 어느새 황량하면서도 광활한 티벳 고원에 서 있다. 그곳에서 풀을 뜯고 있는 야크와 양떼들을 만난다. 잠시 후 부에노스아이레스 항구의 갈매기떼 앞에 서 있다. 그리고는 원시적인 자연에 가감이 없는 짙푸른 태평양을 노을이 지는 어느 섬에서 바라보고 있

여행은 나의 존재 이유를 알게 한다

다. 시나이반도에 있는 유목민 천막에 들어서서 말은 통하지 않지만 눈빛으로 마음을 주고받는다. 시공을 초월한 이 여행은 나의 존재 이유를 알게 한다.

갈 때마다 지나칠 수 없는 곳이 있는데 거기에는 생물도감들이 모여있다. 어렸을 때부터 낯익던 야생화들이 생물도감이라는 종이로 만들어진 화단에 흐드러지게 피어있다. 어느새 코끝을 타고 익숙한 향기가 물씬 전해온다.

꽃 중에 야생 국화 종과 비슷한 노란 단추 모양의 국화를 나는 좋아한다. 옛 문헌에 보면 이 꽃을 '별이 가득한 하늘'이라 불렀고 들국화의 일종인 산국이라 한다. 절친했던 친구의 집 근처에 노란 산국이 가을이면 만발하였다. 짙은 향기때문에 친구 집에 놀러가는 날이면 종일 몸에서 야국향(野菊香)이 떠나지 않았다. 이런 노란 산국이 언덕에 흐드러지게 피었던 어린시절 고향을 돌이켜보면 '별이 가득한 하늘'이라는 말과 근사하게 어울렸다. 그래서 나는 이 서점에 와서 별이 가득한 하늘을 늘 만나고 간다.

수많은 명작들이 있지만 괴테의 작품 〈젊은 베르트르의 슬픔〉은 아직도 내 마음을 흔든다. 명작코너에 가면 그 책을 들추는데 그러면 어김없이 나는 베르트르가 사모하였던 롯테가 된다. 아니 괴테의 실제 연인이었던 샬로테 부프가 된다. 그가 지은 시들은 나를 향해 달콤한 밀어처럼 들려온다.

〈젊은 베르트르의 슬픔〉을 처음 만난 것은 이십오여 년 전이었다. 내게 첫사랑이라며 고백해 오던 청년이 이 책을 선물하였다. 일순 당황하였지만 차차 책 속에 빠져들면서 베르트르와 청년을 혼동해 가며 사랑을 하게 되었다. 정말 롯테가 되는 양, 온몸이 이상한 기류에 휩싸인 채 여러 밤을 지샜던 기억이 아직까지 가슴에 차 있다. 베르트르가 롯테를 향해 속삭였던 밀어들은 청년의 순수한 사랑처럼 내 가슴에 전해졌다. 지금도 여전히 살아 있어 내 정서에 깊은 샘물을 길어 올리는 두레박 역할을 하고 있다.

어느 때는 제인에어가 내 과거 속에서 뚜벅뚜벅 걸어나온다. 제인에어는 고아로 태어나 가정교사로 들어갔던 집주인 로체스터를 흠모한다. 그런데 그녀의 사랑이 좌절 될 때마다 안타까워하던 여학생이 있었다. 도서관에서 막 나온 그 여학생은 버스를 타는 것도 잊은 채 몇 시간을 걸었다. 지금도 그 여학생은 몸만 커졌지 마음은 그대로인 채 제인에어를 대하면 길을 걷고 싶어한다.

고개를 돌리면 먼발치에 갖가지 요리 책들의 윤기 흐르는 얼굴이 눈에 띈다. 다가가는 순간 음식 냄새가 물씬 눈으로 스며든다. 소담스레 담아내어 논 음식 접시에서 아이들의 재잘거리는 소리가 묻어난다. 남편이 헛기침을 하며 욕실에서 나와 식탁의 의자를 끄는 모습이 보인다. 저녁식탁이면 은은한 불빛에 숟가락과 식기 부딪히는 소리가 감미롭게 들린다. 이 모든 것들이 잘 버무려져 사랑의 맛이 입안에 고이자 이를 꿀꺽 삼킨다. 그 맛을 무엇으로 형용할까.

나는 영화음악을 누구보다도 좋아했다. 지금도 영화음악들을 소개한 책들이 있는 곳을 그냥 지나치지 않는다. 그곳에 가면 〈닥터 지바고〉의 라라가 되어 '라라의 테마'를 들으며 지바고와 함께 시베리아 설원을 달린다. 우랄지방의 벌판 속에 서 있는 외딴집에서 연인의 무릎을 베고 별을 쬐기도 한다. 그러다가 어느새 안개 속으로 사라진 버틀러를 기다리는 〈바람과 함께 사라지다〉의 스칼렛이 되어 있다. 광포한 음악이 흐르고 전쟁의 포화 속에서 연인을 향해 마차를 몰던 버틀러가 내게도 다가오고 있다는 환상에 젖는다. 그러면 책에서 눈을 떼고 주위를 둘러본다. 마치 마차가 달려오고 있는 것을 확인이라도 하려는 심정일까.

책 구경이 어느 정도 끝나면 휴게소에 앉아 차 한 잔을 앞에 놓고 사람들을 구경한다. 책을 들여다보며 무엇인가를 열심히 찾는 저들의 눈동자가 반짝인다. 무엇이 저들의 눈동자를 저리 빛나도록 유혹할까.

그러자 어느 생물학자가 대상을 유혹하는 모든 꽃을 수컷류라는 말이 생각난다. 이 서점 안에 있는 모든 책들은 사람들의 정신세계를 끝없이 유혹한다. 그러면 유혹하는 쪽인 책은 수컷류가 되고 그 대상인 나는 암컷류라고 가정할 수 있을까. 책 속에 있는 주인공들과 연애를 하면서 그 주인공을 내게 중매한 책과 열애에 빠져있다면 이 서점에 자주 오는 이유가 될까.

나는 오늘도 들뜬 마음으로 서점에 간다. 나와 같이 사랑을 찾아 모여든 사람들의 눈동자들도 여전히 즐비할 것이다. 나는 거기서 사람은 무엇인가를 사랑할 때 가장 아름답다는 것을 느낀다. 그것이 내가 사랑하며 살아야 할 이유이다.

아름다운 눈

근무하는 책상 앞에 흰색 바탕의 보드가 있는데 지난 가을에 찍은 사진을 그곳에 잔뜩 붙여놓았다. 글공부를 하는 문학회 회원들과 지도 교수님을 모시고 덕수궁 나들이를 한 후 찍은 사진들이다. 모임이 있거나 행사가 있을 때마다 십여 년 가깝게 사진을 찍어오고 있다. 전문적으로 배운 것도 아니고 사진에 대해 크게 아는 지식도 별반 없다. 당시 자동카메라가 하나 있다는 이유만으로 회원들의 얼굴에 열심히 렌즈를 갖다 대기 시작했던 것이다.

회원들은 찍어 준 사진이 잘 나왔다며 종종 감탄을 한다. 내가 보기에는 그렇지 않은 듯한데 무척 마음에 든다는 것이다. 어째서 그런가 하고 유심히 살피다보니 특이한 심리현상을 발견하게 되었다. 다른 사람이야 눈을 감았던 얼굴이 가려져서 나오지 않았던 자기 얼굴만 생각대로 나오면 그 사진은 무조건 잘 나온 것이 된다.

처음에는 의아했는데 현대 이기주의의 한 단면이 아닌가 하는 생각이 든다. 사진을 찍을 때마다 카메라 앞에서는 늘 어색하고 부자연스러운데 이것도 현대인이 겪는 모순일 것이다. 자신들이 발명한 기계 앞에서 오히려 구속을 받고 있으니 말이다. 렌즈만 갖다대면 밝았던 표정이 긴장하고 자세도 어느새 굳어져 있다. 아마도 영원한 이미지를 위해 순간이 잘 찍혀야 한다는 강박관념 때문일 것이다.

사진이 발명된 지 200년이 지났다. 지금까지 수많은 사진들은 막강한 이미지를 생산하면서 인류문명사의 커다란 부분을 차지하고 있다. 작게는 그 한 부분을 나도 담당하고 있다는 생각을 하니 사진 찍는 일은 회원들의 칭찬과 더불어 신나는 일이었다. 그러나 한편으론 사진에 대한 무지함이 드러날까 싶어 속이 뜨끔뜨끔하다. 순전히 이 카메라 덕분에 지금까지 그나마 체면을 유지하고 있는 것은 아닐는지.

그 좋은 카메라가 한 십 년 사진을 찍다보니 어느새 구식이 되었다. 신모델보다 크기도 클뿐더러 셔터를 누르면 찰칵하면서 내는 소리가 요란하다. 모든 제품들이 그렇듯이 새로 디자인되어 나오는 신제품 모델들은 촌각을 다투며 그 모양새를 달리해갔다. 결혼 십 주년이 되던 해에 제주도로 여행을 갔는데 결혼 전에 산 카메라를 들고 갔다. 천지연 폭포 앞에서 삼각대를 세우고 자동으로 타이머를 맞춘 후 남편과 나란히 포즈를 취했을 때였다. 지나가던 사람이 철커덕하는 셔터소리를 듣고는 '이차대전 때 쓰던 것 같군' 하는 것이다. 그때서야 가지고 간 카메라가 퍽이나 구식이 되었다는 것을 알았다. 그래서 돌아온 후 즉시 자동카메라로 바꾸었는데 그것도 또

십 년이 지났다.

보드에 붙어있는 사진 속은 가을이 한창이다. 이제 마악 물들기 시작하는 노란 은행잎 아래로 긴 버버리 코트 자락을 휘날리며 걷고 있는 사진은 그야말로 한 폭의 풍경화이다. 그 멋진 풍경화를 바라보자니 불현듯 노란 은행잎과 함께 찾아 온 가을을 당분간 혼자만 누리고 싶은 생각이 들었다. 시들해지면 그제서야 나눠 주어도 될 것 같았다. 일종의 이기적인 소유개념에서 나오는 심리현상이 발동한 것이다. 자본주의 사회가 고도로 발달되면서 개개인의 소유 개념이 어느 때보다 강해졌다고 볼 수 있다. 사진을 찍고 기억을 보관하고 이미지를 저장하는 것, 모두가 이러한 소유 개념에 기인된다고 할 것이다. 나는 그러한 심리와 맞물려 한동안 사진 속의 가을을 혼자만 만끽할 셈이다.

삼 년 전에 회원들과 캐나다를 여행 한 적이 있었는데 이 때도 내 카메라가 맹활략을 하였다. 열 명의 인원에 무려 열여섯 통의 필름을 찍었으니 개인당 돌아가는 사진의 수가 예상보다 훨씬 많았다. 여행 일정을 따라 모든 사진을 정리하였다. 그런데 사진 속의 내 얼굴이 마치 내가 아닌 것처럼 느껴졌다. 사진 속에 멈춰버린 시간 탓일까. 불과 얼마 전인데도 아득한 옛일 같았다. 그래서 사진 속의 시간은 현실의 단면을 도려낸 것일 뿐 죽어있다고 말하는 이가 있나보다. 그렇기는 하지만 죽은 시간을 살려내는 것이 또한 사람인지라 생각 나름일 것이다. 시간이 멈춰버린 한 장의 사진을 바라보면서 여행의 추억을 불러모아 즐거웠던 시간을 살려내고 거기에 아름다움과 행복 등을 얼마든지 불어넣을 수 있기 때문이다. 정말로 그랬다. 회원들의 얼굴을 자세히 들여다보고 있으니 친근하고 도타운 관계라는 의미와 즐거운 표정 속에 아름다움이 솔솔 되살아나고 있었던 것이다.

사진은 예술적인 면에서도 회화의 한계를 뛰어넘고 있다. 현대기계미학이 낳은 예술의 결정체이며 하나의 시각적 언어라 할 것이다. 멀티미디어 아티스트의 선구자 헝가리 사람 라즐로 모흘리나기는 사진을 '빛으로 그리는 그림'이라고 했다. 사진은 과학기술과 만난 아름다운 예술로서 충분한 요소를 갖추고 있다고 할 것이다.

아마츄어 사진사인 나로써는 예술의 경지까지는 이르지 못하더라도 회원들이 좋아하는 한 아름다운 눈이 되어 그들을 계속 찍을 것이다. 또한 작가인만큼 글을 통하여 아름다운 마음의 눈으로 세상도 열심히 찍어내려고 한다.

철쭉이 피는 날

춘원 이광수의 「무정」이 발표된 지 100주년이 되는 해이다. 이를 기념하여 그의 돌베개 시절을 따라 오늘은 문예비전 문인회 회원들과 답사하는 날이다. 비가 온다는 예보가 있었지만 예정된 일정이라 사릉역에서 기다리고 있던 회원들과 합류하였다. 사릉은 조선 6대 왕인 단종의 비 정순왕후 송씨의 묘이다. 영월로 유배된 단종을 그리워하다 돌아가셨다하여 사릉(思陵)이라는 이름이 지어졌다. 이곳은 원래 단종의 누이 경혜공주의 시댁 해주 정씨의 선산이었는데 숙종 때 이르러 노산군에서 단종으로 복원되면서 능이 되었다. 이러한 이유로 다른 능과는 달리 이곳에만 정순왕후 묘 양쪽으로 사묘(私墓)가 있다고 해설가 김경숙 씨가 설명해 준다.

단종의 억울한 죽음이 일반인들에게 자세히 알려진 것은 역사교육 보다는 춘원이 쓴 소설 「단종애사」때문이었다고 한다. 「단종애사」는 동아일보에 연재된 장편역사소설로 숙부인 수양대군에 의해 불운하게 살다 간 단종의 생애를 다루고 있다. 소설 속의 단종은 조선으로, 사육신은 독립운동가로, 수양대군은 조선총독부와 일본 천황으로, 한명회와 신숙주 등은 친일파로 당시 시대성과 맞물려 해석되기도 하였다. 이 소설은 춘원의 예리한 필체와 애틋한 묘사로 암울했던 일제시대 독자들의 심금을 파고들면서 폭발적인 인기를 누렸다.

일제말로 접어들면서 수양동우회 사건으로 투옥된 후 춘원은 친일행위로 기울어지기 시작했다. 일제의 극심한 압박을 견뎌내지 못하고 결국 굴절하고 말았다. 후속편으로 「세조대왕」을 발표하는데 전에는 세조를 극악한 찬탈자로 묘사한 반면에 이 작품에서는 등극 후 그의 치적을 중심으로 글을 엮어가는 등 전혀 다른 모습을 보여주고 있다. 이는 작가 본인의 변절된 심경을 그대로 드러냈다고 보는 이들이 많다.

사릉에서 멀리 떨어지지 않은 춘원 고가지(古家地)는 이번이 두 번째다. 문예비전 특집을 마련하기 위해 꼭 십년 전 봄에 방문하였다. 당시 거의 폐가가 되다싶이 하였지만 그래도 집의 형태는 유지하고 있었다. 그 후 제대로 관리가 되지 않아 결국 무너져 내렸고 지금은 고가 터에 4개의 표지석들이 방문객들을 맞고 있었다. 둘째 따님 이정화 여사의 글을 보면 고가 둘레를 표시하기 위해 철쭉을 심었다고 하는데 아직 일러서인지 꽃은 보이지 않았다. 머잖아 봄바람 타고 화사하게 피어날 아름다운 풍경을 상상해 본다.

춘원은 일제 말기 건강이 나빠지면서 4년 반 동안 이곳에서 은둔 생활을 하였다. 소를 사서 농사를 지으며 소나무를 심고 국화를 보면서 평온하게 살았다. 친일의 행적을 속죄하는 마음으로 부인 허영숙 여사의 만류에도 불구하고 앞개울로 나가 돌 하나를 주어다 돌베개를 베고 생활하였다고 한다. 동네 사람들은 친일파로 보기 보다는 춘원을 선생으로 부르면서 따랐다. 『돌베개』 수필집에 수록된 「돌베개」「백로」「우리 소」 등 여러 편의 수필이 사릉에서 쓴 글들이다. 춘원은 수필집 『돌베개』를 '내 혼의 사진이다' 할 정도로 애틋함을 보였다고 한다. 지금은 자빠뿔 소도 없고 제비 집을 지었을 처마도 사라졌지만 그가 심었을 소나무는 그대로 있어 춘원의 숨결처럼 느껴져 반가웠다.

해방이 되자 친일행적에 대한 비판의 목소리가 더욱 거세어지자 운허 스님인 그의 팔촌 동생 이학수가 봉선사 경내로 피난처를 마련해 주었다. 춘원의 일기를 보면 문갑이라는 아이에게 짐을 짊어지게 하고 삼십 리 길을 걸어 봉선사에 도착했다고 한다. 이 문갑이라는 사람은 실제 현종진 씨라고 한다.

춘원의 이러한 행적을 따라 우리 일행도 다시 봉선사로 향했다. 봉선사 초입에 '춘원 이광수 기념비'라는 커다란 비석이 서 있다. 다른 비석들과는 달리 갓을 쓰고 있지 않은데 당시 북쪽 공산군에게 끌려 간 후 생사를 모른다하여 그리 하였다고 한다. 지금은 1950년 만포(滿浦)에서 병사한 것으로 확인되었다. 기념비 양옆면과 뒷면에는 그의 일생과 시 작품들이 연대별로 정리되어 빼곡하게 들어차 있었다.

기념비를 둘러보는 동안 하늘이 점점 흐려지고 있었다. 다시 춘원이 머물렀던 봉선사 경내에 자리한 다경향실 터로 향했다. 그는 이곳에서 6개월 동안 머물렀는데 차를 달이고 경을 읽고 향을 피우며 수도생활을 하면서 광동중학교 학생들에게 작문과 영어를 가르쳤다. 여전히 돌베개를 베고 생활하다가 안면마비 증상과 고혈압이 심해지면서 많은 고생을 하였다. 뒷산을 오르며 보고 느낀 것들을 「산중일기」로 옮겨 놓았고 「죽은 새」 등 몇 편의 수필을 써서 수필집 『돌베개』에 수록하기도 하였다.

다경향실이 있던 건물은 한국전쟁 때 모두 소실되고 지금은 '다경향실 터'란 표지석만 있다. 오늘은 그마저도 일부러 찾지 않으면 지나치기 쉬울 만큼 수북이 돋아난 상사화 잎에 가려져 있었다. 상사화 잎을 헤치며 몇 장의 사진이나마 찍으려는데 먹구름이 몰려오더니 금세 하늘이 칠흑같이 어두워졌다. 이어 천둥과 번개를 동반한 세찬 비가 내리기 시작했다. 춘원이 세인의 질타를 피하여 이곳에 머물렀던 때도 세상 인심은 아마 오늘 날씨처럼 매우 사나웠을 것이다. 천둥과 번개를 동반한 거센 비바람도 일었을 것이다. 그러한 심경을 헤아리며 서 있는데 바람까지 불면서 비는 더욱 거세지기 시작했다. 일행은 서둘러 경내를 벗어나야 했다.

돌베개 시절을 보냈던 사릉과 봉선사를 다녀온 며칠 후 「무정」 발표 100주년 기념 전시회가 열리고 있는 국립중앙도서관을 신용철 명예발행인과 함께 찾았다. 도서관 2층 문학관에 무정의 탄생과 발간 변천사, 근대 장편소설 효시로의 무정 위치, 소설 주인공들의 캐릭터 소개, 영화로 보는 무정 등 「무정」에 관한 모든 것들이 전시되고 있었다. 또한 40여 년 동안 집필한 춘원의 저서들을 소개하고 있어 그의 문학의 전모를 살펴볼 수 있었다. 전시회를 관람하는 동안 근대문학의 선구자로 그의 독보적인 한국문학사적인 위치를 다시금 확인하게 되었다.

십년 전 「소풍 나온 길」이란 글을 쓴 후 이번에는 그의 문학사적인 업적에만 중점을 두고 싶었다. 그러나 춘원이 말했듯이 문학이 곧 작가의 삶이며 혼의 사진인만큼 이를 배제하고서는 아무 이야기도 되지 않는다는 사실이었다. 그 사실이 춘원의 방대한 작품들을 대하는 내내 마음을 슬프게 했다. 도탄에 빠져 허덕이는 백성들에게 시대의 선도자로서 희망과 위로가 되어 주었다면 얼마나 좋았을까 하는 안타까움이 다시금 일었다.

도서관을 나오는데 사릉으로 답사를 다녀온 날과는 달리 환한 봄 햇살이 거리에 가득 넘쳐나고 있었다. 붉은 철쭉도 일제히 피어나 어디에 눈을 두어도 찬란한 봄풍경이었다. 아직도 먹구름에 가려 제대로 평가되지 못한 그의 많은 문학작품들도 속히 이러한 봄을 맞았으면 좋겠다는 생각이 들었다. 한국문단에 남긴 문학사적인 가치만큼은 높이 인정받아야 할 것이다.

철쭉꽃이 줄지어 늘어선 도서관 언덕을 내려오자니 문득 사릉의 철쭉은 언제쯤 필까 궁금해지는 것이다. 봄바람 타고 철쭉이 피는 날 다시 한 번 다녀와야겠다.

3. 햇살 환한 봄에

살구나무 밑에서

기울기울

난꽃이 피었으니

매화 내음 여전하고

낡은 레코드판 하나

매미의 덕

따개비의 일생

불청객

두루 편안하라

마 술

햇살 환한 봄에

살구나무 밑에서

퇴근길에 과일가게를 지나는데 노란 살구가 눈에 띄었다. 탱글탱글하니 농익은 것이 무척 먹음직스러워 보여 한 바구니를 샀다. 흐르는 물에 깨끗이 씻고는 뒤꼭지부터 반으로 쪼개서 입에 넣었다. 생각만큼 어린 시절 먹던 깊은 맛이 아니라 왠지 서운했다.

고향마을 뒷동산에도 커다란 살구나무가 있었다. 깊고 넓은 그늘을 드리우고 있던 그 나무 밑은 긴긴 여름날 우리들의 놀이터였다. 어린 우리들은 멀리 학교 뒷산으로 지는 노을을 바라보며 해가 저물도록 놀았다. 봄에는 가지마다 빼곡하게 꽃이라도 피면 마치 하늘에서 내려온 등불처럼 보였다. 온 동네가 이 살구꽃 등불로 환하게 빛났다. 노랗게 익은 살구들이 어느 날은 천사들의 눈알처럼 생각된 적도 있었다. 천사들의 빛나는 눈동자들이 우리를 내려다보며 지켜주고 있다고 여겼다. 어쩌다 살구가 익어서 떨어지면 무슨 행운이라도 얻은 것처럼 함박웃음을 지었다. 물컹물컹 터지는 살구맛을 혀끝으로 풋풋하게 느꼈다.

열두 살 때 서울로 이사를 왔지만 세월이 흘러도 살구꽃으로 환한 동네가 늘 눈앞에 아른거렸다. 그럴 때마다 한달음에 달려가 뒷동산에 올라 살구나무 밑에서 마을을 내려다보곤 했다. 나무를 어루만지며, 친구들이 모두 떠난 이 자리에 너는 그대로 있구나, 올해도 열매를 많이 맺었니 하면서 혼자말로 중얼거렸다. 그러면 살구나무는 내 말에 대답이라도 하듯 이파리를 살랑살랑 흔들었다. 지금도 돌이켜보면 승용차도 없던 시절이었는데 살구나무 밑에 그저 앉아만 있다가 오려고 그 먼 길을 달려갔었는지, 참으로 모를 일이다.

고사(古史)에 보면 춘추시대 말, 공자가 자신의 고향인 산동성 곡부에서 행단(杏壇)을 만들어 최초로 예악(禮樂)과 시서(詩書)를 제자들에게 가르쳤다고 한다. 그래서 행단이란 살구나무 밑에서 최초로 제자들을 가르쳤다고 하여 학문을 닦는 곳을 이른다. 은행나무 밑이라고 알려진 부분이 있으나 北宋 이전에는 '銀杏'이란 명칭이 없었다는 게 학자들의 설명이다. 내게는 학문이라고 할 것은 없겠지만 어린 시절 살구나무 밑에서 놀면서 자연을 스승으로 둘 수 있는 행운을 얻었다. 그래서 사람으로서는 따를 수 없는 자연의 이치를 배우지 않았나 하는 생각이다. 행단의 상징은 기본적으로 예(禮)를 나타내지만 한편 급제를 의미한다니, 살구나무가 너른 세상에서 급제를 꿈꿀 수 있는 행운도 주지 않았나 하는 생각도 든다.

이러한 고향에 십오 년 전부터는 집을 다시 마련하면서 수시로 찾아가게 되었다. 이제는 몸과 마음이 모두 자라 살구나무 밑에서 놀 시기는 지났지만 여전히 그곳을 즐긴다. 살구나무도 이제는 늙어서 밑둥이 휑하니 뚫렸다. 더 이상 실한 과실을 맺지 않게 되자 사람들의 빛나던 관심에서 멀어져갔다.

내게도 인생에 있어서 살구나무와 같은 분이 계셨다. 동산 중앙에 우뚝 서 계시면서 깊고 넓은 그늘을 드리우셔서 행단을 만드셨고, 우리는 그곳에서 처음으로 문학을 배우며 이에 대한 꿈을 키웠다. 또한 좋은 문학을 하기 위해서는 먼저 사람이 되어야 한다는 예(禮)에 대한 가르침도 받았다. 때로는 그 나무에서 떨어지는 물컹한 열매를 먹으며 해가 지는 줄도 모르고 머물렀다. 가지마다 피워낸 꽃들은 제자들의 가슴을 밝히는 환한 등불이었다. 그 등불을 바라보며 많은 제자들이 모여들었다. 그리고 그 등불을 빛 삼아 자신들의 등불을 점점 더 밝히며 세상으로 나아갔다.

어느 날 세한(歲寒)의 시절이 덮쳐왔다. 사방에 찬서리가 내리면서 세상인심은 칼칼했고 잣대를 들이대며 거센 비난도 서슴지 않았다. 세상 속에 놓여진 적막한 절해고도로 유배를 당하셨다. 침묵과 고통과 회한의 긴 세월을 건너야했다. 그늘의 고마움을 누리던 많은 사람들이 자신의 몸을 사리며 모두 떠나버렸다. 세한의 시절을 가슴으로 지켜보면서 추사 김정희의 〈세한도〉를 떠올렸다. 제주도 유배시절, 혹한의 세월을 농축하여 회한을 담아 그린 그림이다. 허허로운 여백과 초라한 집 한 채는 유배지에서의 몸서리쳐지는 고독을 대변하고 있다고 여겨진다. 권력에서 밀려난 그를 이득으로만 대하지 않았던 제자 이상적(李尙迪)을 위해 제발(題跋)을 적고 이 그림을 그려 주었다는 것은 후세에 두고두고 감동으로 전해지고 있다.

추사는 '송백후조'(松柏後凋)라는 공자의 논어 '자한편'(子罕篇)에 있는 말을 떠올리면서 늦게 시드는 소나무와 잣나무를 그렸다고 한다. 그러면서 그 나무들의 풋풋한 기상에서 또다른 희망을 담아 낸 것은 아니었을까 하는 생각을 갖게 한다.

얼마 전에도 나는 동산에 있는 살구나무를 만나러 갔다. 이제는 고목이 되어 따 먹을 살구도 없지만 천성이 무지렁한 탓인지 그를 안 이후로 떠나본 적이 없기 때문이다. 인적은 찾을 수 없었지만 그곳은 추사의 제자인 이상적이 말한 것처럼 저절로 맑고 시원했으며 그리고 행단도 그대로 있었다. 그 행단 아래서 결실한 살구씨들이 싹을 틔우고 풋풋한 기상으로 자라나 희망을 담아냈으면 하는, 늙은 살구나무의 마음을 오랜 시간 담아왔다.

서창에 비낀 노을을 보며 마지막 남은 물컹한 살구를 씹는다. 오늘 따라 어린 시절 먹던 풋풋했던 맛이 한 줌 붉은 노을빛처럼 그저 그립기만하다.

기울기울

앞산에 들어서면 요즘 매미 소리가 한창이다. 그 매미 소리를 들으며 돌계단을 따라 산책하다 보니 문학에 입문하면서 등단작품을 다듬기 위해 오르던 경희대 교수회관이 떠오른다. 그때도 이맘때처럼 매미가 목청이 터져라 울어대던 한여름이었다.

본관 쪽에서 교수회관을 오르는 계단은 제법 가파르다. 숨도 찰 뿐더러 한여름에는 등줄기에서 땀이 줄줄 흐르기 일쑤다. 계단도 그냥 자연석을 깔아 놓은 울퉁불퉁한 돌계단이라서 구두굽이 걸려 넘어질까 여간 조심스럽지 않다. 한여름이 다가도록 수십 번도 더 오르내렸으니 지금은 그리하라고 해도 엄두가 나지 않을 듯하다.

교수회관 입구에서 겨우 숨을 고르고 이층에 있는 연구실문을 두드린다. 그때부터 가슴은 두 방망이질을 시작한다. 작품을 읽으시는 동안은 당락여부를 기다리는 수험생 같은 기분으로 초긴장 상태가 된다. 여름에는 뒤 베란다에 의자를 내어 놓고 제자들을 맞으셨다. 그때 우거진 숲 속에서 울어대는 매미 소리가 정적을 깨면서 귀가 멍멍할 정도로 들려왔다. 다 읽으시고는 아직도 주제가 파악되지 않았다며 카랑카랑한 목소리로 꾸지람을 하실 때, 글쓰기를 그만 두어야 할 것이 아닌가 하는 생각을 수 차례나 했었다. 지금 생각해도 혹독한 훈련이었다. 힘이 빠져 계단을 내려오면 배를 들썩이며 온몸으로 우는 매미를 보고는 나는 아직도 온몸으로 글을 쓰지 않고 있다는 생각이 들었다. 그래서 등단 소감에 매미처럼 온몸으로 노래하는 작가가 되겠다고 했던 것이다.

그렇게 고된 훈련하기를 2여년 만에 겨우 등단이 결정되었다. 심사평을 받으러 가던 날은 태풍으로 폭우가 쏟아져 장안동 사거리에 물벼락을 맞은 듯 빗물로 넘쳐났다. 평소 이십여 분이면 갈 거리를 한 시간이 넘게 걸렸다. 교수회관을 향해 가파른 돌계단을 벅찬 가슴으로 오르던 때가 지내놓고 보니 제일 행복했다. 온 세상이 물바다가 되었다는 말씀을 드렸는데도 이곳은 높아서 홍수로 떠내려갈 염려 없어, 교수가 연구실을 지켜야지 하면서 소년같은 미소를 짓고 계셨다.

그렇게 어렵사리 문학의 길은 시작되었으나 돌이켜보면 사람 사는 세상이 한결같다는 것을 새삼 느낀다. 예부터 글을 읽고 글을 쓰는 사람들을 흔히 선비라고 하였다. 특히 조선 시대 선비들은 매미의 오덕(五德)을 숭상하던 사람들이다. 그래서 요즘도 글을 짓는 세상은 매미와 같이 이슬만 먹고 자기 노래만 열심히 부르면서 덕을 갖춘 그런 선비들 세상인 줄 알았다.

조선시대 회화에 매미가 등장하는 예가 더러 있는데 심사정의 〈화훼초충도〉라는 그림을 보면 아침 이슬을 빨고 있는 매미를 볼 수 있다. 매미에는 오덕(五德)이 있어 그 중 하나가 이슬만 먹고 산다 하여 청(靑)의 덕이 있다고 하였다. 그래서 매미를 청빈한 선비의 상징으로 여겨왔다. 김인관의 〈산수어해화훼초충도권축〉에도 매미가 가지 끝에 앉아 있는데 곧게 뻗은 입이 선비의 갓끈이 늘어진 모습을 연상시킨다고 하여 문(文)의 덕이 있다고 하였다. 이외에도 염(廉), 검(儉), 신(信)의 덕이 더 있는데 집이 없어 검소하고 남의 곡식을 먹지 않아 염의 덕이 있으며 때맞춰 허물을 벗는다하여 신의 덕이 있다. 그리고 임금이 정무를 볼 때에 쓰던 익선관에 매미 날개 모양의 뿔이 붙어 있고 신하들의 관모에도 오덕을 기리어 매미 날개를 붙여 사용했다. 이는 선비들은 매미의 오덕을 잊지 않아야 한다는 의미를 담고 있다.

어느 해인가 스승님은 〈울타리에서 우는 매미〉라는 글을 통해 자신을 매미에 비유한 적이 있다. 4층 옥상 울타리로 심은 사철나무에 매미가 와서 울었다. 작은 풀 한 포기에도 지극한 자연사랑을 가졌던 작가는 매미의 방문을 기적같은 일이고 행운이라고까지 하였다. 이어 매미의 오덕을 가리키며 관이 없으니 문의 덕이 없고 맑은 이슬을 먹는데 비해 그렇지 못해 청의 덕도 없고 때를 맞추어 허물을 벗지 못했으니 신의 덕이 없다고 하였다. 그러면서 당시 심장 수술을 받은 사모님이 허물을 벗고 재생하는 매미처럼 다시 건강을 되찾았으면 하는 간절한 염원을 담고 있다. 매미는 햇볕을 피하여 허물을 벗음으로써 새로 태어나기 때문에 재생과 부활과 탈속의 상징으로 찬미되었다고 한다. 또한 매미 선(蟬)은 신선 선(仙)과 음이 같고, 이슬을 먹고 산다 하여 매미는 신선의 상징이었다.

평생을 돌봐주실 것 같던 스승님이 타계하신 지 한 달 째다. 잠들어 계신 공원묘역에도 다녀왔다. 낮에는 매미가 찾아와 노래하고 밤에는 소쩍새가 다녀와 동무해 주는 자연 속이다. 이제는 탈속과 해탈의 경지를 지나 신선이 되셨을 것 같은 생각이 든다. 신선처럼 학을 타고 다니며 매미처럼 이슬만 먹고 사는, 그래서 진짜 신선이 되지 않으셨을까.

이런저런 생각을 하며 산책을 마치고 산을 내려오는데 매미가 옳다옳다 하면서 응답이라도 하듯 울어댄다. 누군가는 해탈해탈 하면서 운다고 했는데 내겐 오늘따라 내 생각이 옳다옳다 하는 듯 들린다. 한쪽에서는 기울 매미가 '기울기울' 운다. 여름이 간다고 계절의 끝 무렵에 우는 매미가 기울 매미라고 한다. 그런데 〈울타리에서 우는 매미〉에서는 목이 곧아 있어 겸손하게 기울이며 살라고 기울 매미가 자신에게 와서 운다고 하였다. 나도 이제부터 목을 기울이고 살면 신선은 어림없더라도 혹 선비는 될 수 없을까.

난꽃이 피었으니

주말이면 빠짐없이 하는 일과 중 하나가 동양난에 물을 주는 일이다. 여느 꽃들은 물을 그냥 부어주면 그만인데 난은 번거롭더라도 하나하나 옮겨서 화분 채로 물에 담가주어야 한다.

처음에는 사시사철 잎만 보는 난들을 무슨 재미로 기르는가 했다. 요즘같이 급격하게 변해가는 세상에서 어찌보면 우둔하고 답답하기 그지없는 일이었다. 그런데 언제부터인가 난을 기르는 일은 나를 만들어가는 일이 아닌가 하는 생각으로 바뀌어갔다. 난이 왜 군자의 덕목을 지녔는지도 자연 알게 되었다.

바쁜 세상에 숨을 고르며 호연지기를 꿈꾸는 시간이 난을 대하는 시간이다. 곧고 푸른 잎을 보며 변함없는 절개와 지조를 배우고 우아하게 뻗은 자태는 삶의 멋을 일깨운다. 그의 자세는 완곡하지만 언제나 한결같고 흐트러짐이 없이 꼿꼿하다. 신아가 돋으면 묵은 잎은 그 자리를 비켜줄 줄 아는 미덕도 있다. 단순하고 부드러운 듯 보이지만 강인한 힘이 잎새마다 파닥이듯 숨어 있어 삶의 생동감을 얻기도 한다.

이렇듯 새로운 재미를 터득하며 귀와 눈을 열어가고 있을 즈음, 여름이 막 물러나고 아침저녁으로 바람이 선선해질 무렵이었다. 그 날도 물을 주기 위해 가장 아끼는 철골소심(鐵骨素心)을 들어 올렸다. 그런데 언제 솟았는지 연둣빛 꽃대가 가늘고 날렵한 잎새 사이로 뽀송하니 올라와 있었다. 꽃대에는 한 점 티도 없이 맑은 유백색 꽃송이가 다섯 개나 달려 있었다. 해마다 천보세에서 올리는 자줏빛 꽃들을 보긴 했지만 다른 난들은 몇 해를 잎만 가지고 있어 꽃이 있을 것이라고는 생각지도 않았다. 특히 철골소심은 꽃이 잘 피지 않는다고 한다. 그런데 은은한 향을 담은 한 폭의 난초도(蘭草圖)

같이 말쑥하니 내 앞에 나타났다. 뜻하지 않은 행운이라도 얻은 듯 마음이 환해졌다.

옛 선비들은 난을 지조 높은 은군자(隱君子)의 상징으로 여겨 시나 그림의 소재로 자주 삼았다. 언제인가 운현궁 유물전시관에서 흥선 대원군의 〈묵란도〉 앞에서 오랫동안 발을 떼지 못한 적이 있었다. 바위 절벽에 뿌리를 내린 난들이 금방이라도 살아서 파들거리는 듯한 힘차고 강한 그림이 무척 인상적이었다. 부드러우면서도 칼날처럼 예리하고, 섬세하면서도 거침없이 뻗어나간 화풍은 막강했던 세도가의 분신을 보는 듯했다. 또한 처절한 영욕(榮辱)의 세월을 보낸 작가의 인생역정이 그려지면서 마음이 애잔하기도 했다.

비록 그림이었지만 그렇게 난에 대한 깊은 기억을 지니고 있다가 직접 기르게 되었던 것이다. 난은 그 분류 방법을 흔히 꽃의 개화시기로 보는 등 다양하지만 한줄기에 한 송이 꽃만 피는 춘란과 여러 송이 피는 혜란으로 나누는 경우도 있다. 혜란에도 여러 종류가 있어 이번에 꽃을 피운 것은 잎이 가늘고 꼿꼿한 철골소심이다. 우리 집에 오게 된지 사년이 되었고 스승님이 돌아가시기 이년 전에 쓰던 물품들을 정리하면서 주고 간 것이다. 처음에는 웬 화분을 주시는지 의아했는데 아마 귀하게 여기던 물건이라 그런가 보다 했다. 그후 잎에 묻은 먼지를 닦으며 물을 주고 거름을 하면서 긴 시간동안 난을 돌보다 보니 더 깊은 의미들이 새록새록 고개를 든다. 처절한 영욕의 세월은 아니겠지만 난이 우리 집에 올 때 난 주인은 세한(歲寒)의 시절을 건너고 있었다. 화분도 그러한 주인의 모습을 닮았는지 겨우 서너 잎만 남아 있는 것이 까칠해 보였다. 그래도 모두는 한때 영광의 시절에 꽃도 있었을 것이고 잎도 푸르고 풍성했을 것이라고 생각하니 마음이 애잔했었다.

그 후 나날이 풍성해져가는 잎들을 물끄러미 바라보면서 강의시간에 들은 중국 초나라 때 충신이었던 굴원을 떠올렸다. 그의 시집 〈이소경〉에 보면 간신배들에게 모함을 받고 유배를 갔을 때 〈더북쑥을 두른 무리들은 도리어 그윽한 난을 두를 수 없다〉라며 자신의 충정을 난의 절개와 지조에 비유한 싯귀가 있다. 그 싯귀를 곰곰이 읊으면서 곧고 푸른 난을 귀히 여겼던 그 심정을 헤아려 보았다. 마지막까지 버리지 않고 가지고 가서 잘 돌보라고 하신 말씀의 의미도 떠올려 보았다. 어느 누구보다 뜨거웠던 학문에 대한 충정과 수필문학에 쏟았던 열정을 묵언의 언어로 곧고 푸른 난에 담아 주신 것은 아니었을까.

문학을 하겠다고 문단에 들어선지 꽤 여러 해가 되었다. 뜻하지 않게 헛된 힘겨루기를 하며 아우성을 치는 이들 속에 있게 된 적이 두어 번 있었다. 그때마다 조금도 주저하지 않고 진심을 읽어주시고 거기다가 신뢰를 얹어주신 분이 내겐 있었다. 두고 가신 난을 바라볼 때마다 그러한 고마운 마음도 두고두고 떠오른다.

이러한 마음을 헤아리면서 동쪽 창가에 두고 정성을 들여 난을 길러왔다. 마치 그 보답이라도 하듯이 인내의 세월을 아우르며 맑은 유백색 꽃을 피워주었다. 매사에 표현을 즐겨 하지 않는 남편도 난꽃이 피었으니 아마 좋은 일이 있을 거라며 반긴다. 그 말대로 난꽃이 피었으니 지낼 만큼 지낸 인고의 시절이 이제는 물러갔으면 좋겠다. 세상을 향해 단아한 꽃을 피우고 맑고 그윽한 향기를 내는, 그래서 영광의 시절이 다시 찾아들었으면 좋겠다.

그러한 소망을 바라보며 오늘도 쏟아지는 난향에 흠뻑 취해 본다.

매화 내음 여전하고

홍성지역으로 회원들과 문학기행을 다녀왔다. 만해 한용운 생가지를 비롯하여 김좌진 장군, 윤봉길 의사 기념관 및 수덕사를 돌아보고 당진에 있는 심훈의 필경사와 기념관을 탐방하는 일정이었다. 처음 도착지는 만해생가지였는데 몇 년 전에 시를 쓰는 동아리 회원들과 오고 이번이 두 번째다. 전과 달라진 것이 있다면 초가집 한 채만 있던 생가 주위로 만해문학체험관이나 만해사당이 새로이 지어져 있었다.

먼저 만해문학체험관으로 들어섰다. 승려로서 독립운동가로서 또한 시인으로서 생전에 활동한 기록들이 전시되어 있었다. 그동안 만해에 대해 무심히 스쳐지나가는 부분들이 많았었는데 자세히 관심을 둘 기회여서 반가웠다.

만해는 어려서부터 역사상 빛나는 의인과 훌륭한 사람들의 언행,

그리고 세상의 형편, 국내외 정세를 아버지로부터 배웠다고 한다. 기울어져 가는 조선 말을 겪으면서 나라 일을 도우며 큰 뜻을 이룩할 시대정신과 역사의식에 눈을 뜨기 시작하였다. 국내정세는 더욱더 열악해져 마침내 일본의 침략야욕이 조선을 지배하기에 이른다. 만해는 암울한 시대를 바라보면서 인생의 궁극적인 목적에 대해서 고민하던 중 결국 26세에 설악산 백담사에서 출가하게 된다. 도를 수행하는 도중 많은 서적들을 접하면서 세계 여행길에 오르게 되고 블라디보스톡, 일본 등을 다니면서 그의 안목은 넓혀져 갔다. 3·1운동 때에는 민족지도자 33인 중 한 사람으로 독립선언문을 낭독하는 등 독립운동가로 활약하다가 옥고를 치르기도 하였다.

늦은 나이였지만 40세인 1918년 불교문예지 유심을 창간하여 〈심〉이란 시를 발표하며 문단에 이름을 낸다. 48세 때에는 설악산 오세암에서 〈님의 침묵〉을 발표하여 걸작을 남기는 등 근대화적인 문학세계를 선보였다. 1930년대는 몇몇 뜻있는 손길들이 마련해 준 심우장에 기거하면서 〈흑풍〉 등을 비롯한 중단편소설을 써서 문단에 내놓기도 하였다. 55세에 비로소 마련된 심우장에서 신문 연재소설을 집필하는 등 다양한 문학활동을 하면서 말년을 지냈다.

만해문학체험관 한곳에 이르니 '매화 내음 여전하고' 란 커다란 제목을 달고 심우장에서 기거하던 일제말기의 상황을 설명해 놓은 안내판이 있었다. 아래쪽에는 '심우장' 이란 시를 소개하고 있었는데 '심우' 란 잃은 소를 찾는다는 의미이지만 나라 잃은 암울한 심정을 노래한 시이기도 하다. 매서운 추위와 같은 식민통치 막바지에 만해는 절개를 굽히지 않고 고고한 매화 내음을 여전히 풍기고 있었다고 한다. 이 무렵 쓴 매화에 관한 시들이 많은데 한 수 소개한다.

"쌓인 눈 찬바람에 아름다운 향기를 토하는 것이 매화라면, 거친 세상 괴로운 지경에서 진정한 행복을 얻는 것이 용자니라. 꽃으로서 매화가 된다면 서리와 눈을 원망할 것이 없느니라. 사람으로서 용자가 된다면 행운의 기회를 기다릴 것이 없느니라. 무서운 겨울의 뒤에 바야흐로 오는 새봄은 향기로운 매화에게 첫 키스를 주느니라"

1932년 새해 아침에 남긴 시인데 혹한 속에서도 희망을 잃지 않고 깨달음의 향기를 노래한 시이다. 이러한 깨달음과 희망을 많은 청년들에게도 수시로 가르쳤다. 지금 겪고 있는 고난은 엄동설한이지만 매화나무에 꽃이 필 때 차디찬 설중(雪中)에서 그윽한 향기를 토하듯 독립에 대한 노력과 희망을 가지라고 격려하였다.

남한산성에도 가면 성북동에서 자리를 옮긴 만해기념관이 있는데 몇 해 전에 우연히 들러본 적이 있다. 지난 봄에는 만해의 넋을 기리기 위해 매화를 소재로 한 전시회가 열렸다. 만해의 매화시를 현대작가들이 글씨로 쓰고 그림을 그려 넣어 매화화첩으로 제작하여 지조와 품격을 유지한 만해의 넋을 기렸다고 한다.

만해사당을 올랐을 때 생전에 사랑하고 아끼던 매화나무가 양 옆으로 가득했다. 꽃은 이미 졌지만 이른 봄 향기를 토하며 피어났을 매화를 상상하니 불운의 시대를 맞아 설중매로 살다간 만해의 일생이 다시금 떠올랐다. 초상화라도 뵙고 향이라도 올릴 양으로 사당문을 열었지만 잠겨 있었다. 돌아나오면서 매화나무를 올려다보니 꽃이 진 자리마다 오늘은 탐스런 열매가 주렁주렁 달려 있었다. 자신의 목숨보다 더 나라를 사랑했던 선진들의 그 정신이 오늘날 후손들에게도 저 열매처럼 주렁주렁 영글기를 기원하는 마음으로 계단을 내려왔다.

학병징병과 일체의 배급을 거부한 만해는 영양실조와 중풍으로 광복이 되기 1년 전인 44년 66세로 애석하게도 세상을 뜬다. 전에도 몇 번 갔었지만 며칠 전에 망우리공원에 있는 그의 무덤을 다시 찾았다. 표지판을 따라 산책로에서 조금 벗어나 산을 오르면 부인의 무덤과 함께 두 봉분이 말끔히 단장되어 있다. 미아리에서 화장하여 이곳에 안장되었다고 한다. 이렇듯 곳곳에 배어있는 그의 자취를 만날 때마다 생전에 이 땅에 뿌렸던 한점 뜨거운 생각들이 아직도 우리들의 가슴에 면면히 살아있다는 것을 느낀다.

오늘은 매화 내음 여전한 만해 생가지를 탐방하면서 다시금 그의 높은 시대정신과 나라 사랑하는 마음, 그리고 깊은 경지를 이룬 문학세계에 흠뻑 젖는다. 내일은 아직 가보지 못한 심우장에도 다녀와야겠다.

낡은 레코드판 하나

요즘 턴테이블에 레코드판을 올려놓고 흘러간 노래를 듣는 재미로 들떠 지낸다. 지금은 돌아가셨지만 스승님이 소장하던 책과 물건들을 정리하면서 주신 레코드판이다. 무려 오십여 장이나 되는데 칠팔십 년도에 유행하던 대중가요에다 명화음악들 그리고 외국의 인기가수들이 불렀던 흘러간 팝송들이 실려 있다. 한때 영화음악에 마음이 홀려서 카세트테이프를 세트로 들여놓고 달콤한 음악 감상에 열정을 쏟은 적도 있었다. 디지털 시대에 접어 든 요즘은 대부분 CD로 제작되어 판매되고 있다. 그러나 다소 거칠지만 레코드판으로 듣던 깊은 맛이 느껴지질 않는다. 커다란 스피커를 통해 흘러나오는 오리지널 사운드를 그 시절 추억과 함께 다시 들을 생각을 하니 가슴이 후끈해졌다.

턴테이블을 어디서 구할 것인가 이리저리 수소문을 하다가 단양에서 전파사를 하고 있는 초등학교 동창이 떠올랐다. 마침 휴일을 맞아 시골집에 들렀다가 저녁 무렵에 단양을 나갔다. 창고를 여러 군데 뒤져가며 먼지로 뒤덮인 앰프와 스피커, 턴테이블을 겨우 찾아내 한 세트를 맞춰 주었다. 자정이 넘은 시간에 자동차를 몰고 집으로 돌아오는데 굵은 장대비가 짙은 어둠 속에서 거세게 앞을 가로막았다. 남한강에서 몸을 일으킨 물안개는 도로 곳곳에 들어차 유령처럼 흐느적거렸다. 여지없이 밀려드는 오밤중의 공포를 겨우겨우 밀치며 고향집으로 돌아왔다. 서울에서도 황학시장 같은 고물상을 가면 쉽게 구할 수도 있으련만 무슨 마음으로 그리했는지 지금 생각해도 뒷골이 송연하다.

그 후 틈만 나면 레코드판을 뒤적이며 이곡저곡을 찾아 바늘을 얹어놓는다. 그중 70년대 포크송 가수인 존 덴버의 노래를 가장 좋아한다. 〈Take Me Home, Country Roads〉 라든지 〈Sunshine On My Shoulders〉, 〈Rocky Mountain High〉 등은 귀에 익은 곡들이라 가사를 보며 크게 따라 부른다. 그렇게 부르다보면 어느새 70년대 음악다방에 앉아 있는 상상을 하곤 한다. 당시 명동에 있는 음악다방에는 여러 예술인들이 몰려들어 예술의 전당이 되었고 젊은이들은 어느 미래인가 빛나게 될 희망을 향해 청춘의 열정을 태우던 곳이었다. 우리는 그곳에서 커피 한 잔에 세상의 모든 향기라도 모아놓은 듯 시시덕거렸다. 신청곡을 디제이에게 쪽지로 보내면 사연과 함께 음악이 흐를 때 감정을 주체하지 못해 온몸이 벌겋게 달아오르면서 우리는 그렇게 청춘의 날들을 맘껏 소비했다.

종로에 있는 J다방도 단골이었는데 그곳 디제이를 한때 좋아하기도 했다. 특별한 이유가 있는 것도 아니면서 높은 유리벽 속에 있는 모습만 보아도 숨이 차올랐다. 다방에 들어서면 어느새 알아보고 좋아하는 음악을 어김없이 들려주곤 했다. 까마득하여 디제이의 이름도 잊었지만 그때만 생각하면 가슴이 훈훈해지면서 입가에 웃음이 절로 인다.

나팔바지가 유행했고 젊은이들은 장발을 멋으로 알고 경찰은 단속을 한다며 야단이었다. 기타 하나만 있으면 기차간에서도 야유회를 가서도 어디든 즉흥적인 무대가 마련되었고 어김없이 둘러앉아 노래를 불렀다. 너나없이 가난했지만 우리는 노래를 부르면서 소박하면서도 달큼했던 시절을 보냈다.

미국 출생의 존 덴버는 어린 시절부터 엘비스 프레슬리에 반해서 기타를 연주하며 노래를 불렀다고 한다. 당시 덴버 지방에서 아버지를 따라 살다가 이름도 존 덴버로 바꾸게 된다. 삶과 자연을 노래하던 그의 인간적인 분위기는 팬들의 주목을 끌었는데 특히 청재킷을 입고 록키산 계곡을 배경으로 찍은 사진을 많은 사람들이 기억하고 있다. 맑고 깨끗한 목소리에다가 꾸밈이 없는 차림새, 소박한 인상을 주는 마스크와 안경이 그의 트렌드 마크였다. 백색의 순수한 이미지로 사람들의 마음에 들어왔고 당시 월남전쟁으로 지친 회색빛 사회에 희망찬 빛을 던져주며 많은 찬사를 받았다.

우리네 인생에서 순수하고도 소박한 첫 경험들은 쉽게 잊혀지지 않은가 보다. 음악다방을 전전하며 젊음과 가난이 함께 있어도 좋았던 친구들이 문득 보고 싶다. 기타 선율에 맞춰 'Sunday Morning Up on the Park'을 뜨겁게 불렀지만 가슴은 하얀 친구들이었다. 미래에 있을 꿈과 희망찬 빛으로만 채워가던 그 옛날, 가진 것이 없어도 우리는 불편한 줄 몰랐다. 이제는 가서 닿을 수 없지만 차곡차곡 쌓인 깨끗한 추억들이 있어 가끔 내 삶은 싱싱한 행복으로 파닥인다.

인적이 끊긴 산길을 따라 오밤중에 장대비를 뚫고 턴테이블을 마련했다고 했더니 감탄하며 좋아하시던 스승님이셨다. 낡은 레코드판 하나에 마음이 묶인 제자의 속내를 충분히 읽으셨던 것일까. 스승님의 감격이 묻어 있는 이 레코드판과 함께 달콤한 시간들을 오래도록 경험했으면 좋겠다.

매미의 덕

창호지문을 뚫고 들어온 요란한 매미 소리에 잠이 깼다. 일어나 방안을 둘러보니 온통 난장판이다. 어제 밤늦게까지 일을 하느라 고단하여 채 치우지도 못하고 곯아떨어진 탓이다. 이 뜨거운 여름에 고향집 수리를 시작한 지 벌써 여러 날 째다.

동네 분들의 얘기로 이 집을 지은 지 올해로 오십오 년이 되었다고 한다. 우리가 집주인이 된 지도 십오 년이 되고 앞서 오 년을 비워두었으니 어디 성한 데가 있겠는가. 그동안 대대적으로 수리를 하지 않는 이상 어설피 손을 대봤자 소용없을 듯하여 엄두도 못 냈다. 올 때마다 마루와 안방만 빼꼼히 치우고는 일 년에 겨우 몇 번씩 그것도 길어야 삼 일 아니면 이틀씩 묵고 가는 게 고작이었다. 서울과의 거리도 자주 드나들기에는 다소 먼 감이 있어 후에 시간적 여유가 생기면 어찌 해보리라 차일피일 미루던 참이었다.

그런데 얼마 전 남편 친구 한 분이 들른 적이 있었다. 도배한 천정이 내려앉은 것을 보고는 수리를 해 주겠다는 것이다. 이런 일을 해 본 사람도 아닌데 하면서 반신반의하다가 다시 채근하는 바람에 일을 시작하기로 했다. 문제의 늘어진 천정을 뜯고 보니 때가 많이 묻어있기는 했지만 서까래며 대들보가 생각 외로 튼튼했다. 반세기가 지난 집이라고는 믿기지 않게 어느 귀퉁이 하나 상한 곳이 없었다. 재목으로 쓴 소나무의 나무결 모양도 선명하게 드러나 있었다. 천정에 베니아판을 대기로 했던 계획은 물리고 서까래와 대들보를 원형 그대로 두어 옛집 분위기를 살리기로 하였다. 내벽 미장도 조금 더 욕심을 내어 벽지보다는 황토를 바르는 것이 나을 성싶었다. 수십 년 동안 덕지덕지 붙어있던 벽지들이 매미가 허물을 벗듯 떨어져나가고 산뜻한 황토로 새단장이 되어 갔다. 일하시는 분들은 연신 비지땀을 흘리면서도 즐거운 모습으로 열심이다. 더운 여름을 더 덥게 만들었으니 고맙기도 하면서 무척 미안했다.

그들은 바쁜 시간을 내서 두어 번을 더 내려와 일을 해 주었다. 워낙 헌집이라 닦아내고 칠하고 해도 손 볼 데가 자꾸 눈에 띄었다. 그럴 때마다 여기 저기 더 고치고 싶은, 없던 욕심이 생겨났다. 그 욕심만큼이나 허리는 아프고 뒷다리는 땡기고 온몸은 천근만근이 되어갔다.

그렇게 거의 두어 달 동안 일주일에 반을 이곳에 와서 일을 한 덕분에 어지간히 마친 듯했다. 바닥을 말끔하게 치우고는 황토로 사방 벽이 불그레한 방안에 앉았다. 그런데 이상하게도 일할 때는 들리지 않았던 매미 소리가 갑자기 한꺼번에 쏟아지듯 방안으로 들어오는 것이다. 두충나무 숲에서 수십 마리가 숨이 넘어갈듯 울어젖히고 있었다. 하긴 수년을 땅 속에서 굼벵이로 있다가 이 한철을 기다린 삶인데 그럴 만도 할 것이다. 아니 제 짝을 찾기 위한 수컷들의 사랑의 세레나데라고 하는데 자연의 아름다운 소리라고 할까. 이러한 매미를 두고 어느 시인은 '사랑은 한사코 너의 곁에서 우는 것'이라고 했나 보다.

그 울음소리를 들으면서 어찌보면 우리 인생도 한철인데 하는 생각이 들었다. 그 한철 동안 그것도 일 년에 며칠을 이곳에서 보내려고 이리 야단법석인가. 〈명심보감〉 성심편(省心篇)에 보면 '큰 집이 천 칸이라도 밤에 잘 때는 여덟 자밖에는 쓸 일이 없고(大厦千間 夜臥八尺) 좋은 밭이 만 이랑이라도 하루에 두 되 이상은 못 먹는다(良田萬頃 日食二升)' 라고 했다. 어쩜 이리 이 여름에 벌어진 상황에 꼭 맞는 말일까.

친구 부부는 수리할 집이라도 있어서 좋다고 하니 그럴 것도 같지만 있어서 건사하는 것 또한 보통 번거로운 일이 아니다. 집주위로 돋아나는 잡초들은 조금만 게을리하면 온 집을 삼킬 듯 둘러친다. 텃밭에 더덕을 심어놓았는데 두어 번은 마을 사람들의 손을 빌려 김을 매게 했다. 그 다음은 일손이 없어 김 맬 시기를 놓치는 바람에 포기하고 말았다. 매년 반복이 되다보니 마음이라도 편하게 지내자며 아예 생각을 접고 지내는 형편이다.

이런저런 형편에다 유난히 고단했던 올 여름이고 보니 두충나무 숲에서 우는 매미가 왠지 달리 보인다. 매미는 예로부터 군자가 갖추어야 할 오덕이 있다고 하였는데 그 중 집을 짓지 않아 검(儉)이 있다고 하였다. 또한 철에 맞추어 허물을 벗으며 어김없이 울음을 울어주어 신의(信義)가 있고 이슬만 먹고 사니 맑고 깨끗한 청(淸), 사람이 먹는 곡식을 먹지 않아 염(廉)이라고 했고, 그 외에 머리 부분이 선비의 갓끈이 늘어진 형상이므로 문(文)이 있다고 했다. 조정의 신하들이나 임금도 정무를 볼 때 매미 날개를 단 익선관을 썼다. 이는 매미의 오덕을 상징하는 의미였다.

이렇듯 매미는 청빈한 선비의 상징으로 짧은 사랑을 위해 뜨겁게 우는 것 외에는 아무런 욕심이 없으니 그의 덕에 대해 새삼 생각하게 한다.

모쪼록 힘든 일을 자청하여 도와준 고마운 분과, 요즘같은 세상에서 오래도록 신의를 가지고 덕을 함께 나누는 삶이었으면 하는 소망을, 뜨겁게 우는 매미 소리에 실어본다.

따개비의 일생

제부도 매바위에는 설연휴를 맞아 많은 사람들로 붐볐다. 오전에 일찌감치 물러난 바닷물은 저만치서 서성거리고 있고 바다 가운데 우뚝 솟은 세 개의 커다란 바위가 볼수록 기묘했다. 장구한 세월이 보태지면서 바람과 파도가 만들어낸 자연의 걸작품이었다. 그런데 가까이 다가가니 바닥에 검은 돌들이 지천이었고 그 위로 끝도 없이 굴껍데기들이 다닥다닥 붙어 있었다. 그 모습이 마치 돌 위에 피어난 아름다운 꽃과 같았다. 그래서 굴이 돌에 붙어 있는 모습을 보고 석화라는 이름으로 부르고 있는 듯하다.

석화들이 살아있으려나 하고 껍질을 두드려 보았다. 그러자 딱딱해 보이던 껍질이 부서지면서 굴 특유의 우윳빛 살결이 모습을 드러냈다. 입안에 넣었더니 짭조롬한 바다 맛이 물씬 풍겨났다. 그야말로 바다를 통째로 입안에 넣는 기분이었다.

그런데 석화만 있는 것이 아니었다. 단단한 삿갓모양으로 생긴 따개비라는 놈들의 개체 수도 엄청났다. 이곳은 조석간만이 하루 두 번씩 일어나는 조간대이다. 바닷물이 밀려나면 혹독한 태양이나 매서운 추위를 견뎌내며 살아야 하는 환경에 이렇게 많은 생물들이 살아 있다니 놀라웠다. 단단한 석회질로 온몸을 감싸며 살아가는 모습이 질긴 눈물을 보는 듯했다.

흰줄따개비가 잔뜩 붙어 있는 작은 돌멩이를 하나 집어 들었다. 단단한 껍질이 얼마나 날카로운지 한 놈을 돌에서 떼어보려고 애를 썼으나 침묵의 항변이라도 하는 듯 꼼짝을 않는다. 높은 파도와 출렁이는 바닷물을 감당해야하기 때문에 이리도 단단히 붙어 있어야 하나 보다. 석화와 마찬가지로 유생일 때는 바닷물에 떠돌아다니다가 몇 번 허물을 벗은 후 다시 두 개의 껍데기를 가진 유생으로 탈바꿈한다. 그러면 바위에 석회질을 분비하여 붙은 후 더 이상 이동하지 않고 일생을 지낸다.

그런데 사람들은 석화가 널려 있는 것을 보면서 신기해 하는데 곁에 있는 따개비는 돌아보지도 않았다. 나는 소외당하고 있는 따개비에게 어느새 호기심과 애정이 일어나기 시작했다. 울릉도에서는 따개비로 음식을 만들어 먹는다고 하는데 이는 배말이라는 삿갓조개라고 한다. 우리가 흔히 보는 따개비는 바위나 배밑 심지어 고래나 거북이에게도 붙어 있고 사람의 살갗을 파고들어 뼈에 잔뜩 달라붙어 기생한다는 섬뜩한 괴담도 있다. 사람의 몸 속에는 따개비들이 살 수 있는 염분의 농도가 부족한데도 말이다. 이렇듯 여전히 홀대를 받으면서도 많은 개체들이 세상에 나와 있는 것을 보면 어딘가 그 존재 이유가 있지 않을까 싶었다.

따개비는 고생대부터 생겨났는데 기생생활을 하는 종이 많다고 한다. 그중 주머니벌레라는 따개비는 게의 생식기에 기생하여 자신의 알을 돌보게 한다. 그리고는 심지어 내분비를 교란시켜 수컷 게를 알을 더 잘 돌볼 수 있는 암컷 게로 바꾼다고 한다. 원래 게들은 다리가 끊겨도 재생이 가능한데 따개비에게 감염되면 불가능하게 된다. 그야말로 기생따개비로서의 역할만하게 된다.

그런데 기생물들의 입장을 옹호하는 사람들은 자신의 알인 양 돌보고 있는 기생따개비인 게가 '행복한 숙주'라는 것이다. 게 입장에서 보면 이보다 더 혹독한 말이 어디 있을까. 하지만 인간의 삶의 기본적인 배경 역할을 하는 하나의 생물의 종으로 보자는 데에는 공감이 갔다. 또한 생물의 다양성을 확대시키는데 일조를 하고 있으며 우리 주변의 생명현상을 이해하는데 큰 도움을 주고 있다는 의견에도 수긍이 갔다.

이러한 이유들이 그의 존재 이유를 더욱 두드러지게 한다는 생각에 따개비를 알면 알수록 점점 더 정감이 갔다. 기생물이라고 단순히 나무라기에 앞서 극한 환경에서도 개체수를 불리면서 살아가고 있는 이들의 꿋꿋한 생명력에도 박수를 보내고 싶어졌다. 여간한 파도에도 끄떡하지 않을 튼튼한 집을 만들고, 냉혹한 환경을 피하지 않고 온몸으로 받아내며 생명을 일구어가는 그 일생이 오히려 눈물겨워 보였다. 하찮다고 그의 존재를 무시하거나 소외시키는 것은 인간의 오만이 아닐까. 따개비의 일생을 보면서 앞으로 나도 어쩌면 세상에 있는 모든 기생물들의 옹호론자가 되지 않을까 하는 생각도 들었다.

어느새 오후의 햇살을 받으며 바닷물이 두런두런 밀려오고 있었다. 바닷물 소리와 함께 조간대에 사는 생물들의 기지개 켜는 소리가 어디선가 들리는 듯했다. 이 혹한 환경 속에 사는 모든 생물들이 꿋꿋하게 생명을 일구어주길 바라며 매바위를 천천히 돌아나왔다.

불청객

여행을 다녀오느라 사십여 일 만에 고향집을 갔다. 마당에 들어서자 그새 자란 잡초들이 수북하다. 예전 같으면 달갑지 않았을 텐데 오늘은 왠지 반갑다. 주인을 기다리고 있다가 이는 바람에 살레살레 고개를 흔들며 인사라도 하는 듯 보인다. 그래그래 잘 있었니, 반갑구나 인사를 받으며 안마당으로 들어섰다. 현관문을 여니 뽀얗게 내려앉은 먼지와 군데군데 피어난 곰팡이들이 마루를 도화지 삼아 멋진 그림을 그려놓았다. 아하, 여기도 환영퍼레이드를 펼치고 있구나. 내가 이 집 주인인 것만은 확실하다는 생각이 더욱 든다. 이제 인사는 충분히 받았으니 너희들은 퇴장하거라 하면서 낫으로 풀도 베고 마루도 걸레로 깨끗이 밀고는 안으로 들어가 짐을 풀었다.

며칠 전 고향에 가면 앵두를 꼭 따오라는 친구의 말이 떠올라 앵두나무가 있는 쪽 방문을 열었다. 방안에서 건너다보니 앵두가 아직 덜 익었다. 얘, 아직 앵두가 덜 익었구나, 이번에는 안 되겠다 하면서 전화를 끊었다. 그런데 앵두나무 아래에 뭔가 붉은 것이 무수히 깔려 있었다. 무슨 일인가 하고 뒤뜰로 돌아가 보았다. 앵두나무 가까이 다가서자 찍찍찍거리면서 요란하게 소리를 내는 물체가 있었다. 둘러보니 다람쥐들이 야단들이다. 그때서야 놈들이 익은 앵두를 모조리 따 먹었다는 것을 알았다. 그래서 덜 익은 것만 가지에 달려 있었던 것이다. 익은 것도 씨만 빼먹고 사람들이 먹을 수 있는 육질은 죄다 버려서 앵두나무 밑이 벌겋게 물이 든 것처럼 보였다. 계속해서 시끄럽게 떠드는 것을 보니 제 먹이에 손을 댄다고 항의라도 하는 듯했다. 어이가 없어 이 앵두는 내가 주인이야 하면서 냅다 소리를 질렀다. 그랬더니 마치 알아들은 것처럼 소리를 뚝 그친다. 슬그머니 미안한 생각도 들고 콩알만한 놈하고 상대를 하는 내 꼴이 우스워지는 것도 같았다. 그래그래 맛있게 익거들랑 모두 와서 따먹어라 하면서 뒤뜰을 나왔다.

앞마당으로 나가려고 부엌 쪽으로 왔다. 그런데 부엌마저도 자리를 차고 앉은 놈이 있었다. 부뚜막에 똬리를 틀고 있는 밀뱀이었다. 사람을 보았는데도 도망갈 생각을 않고 슬그머니 몸을 빼더니 갈라진 부뚜막 사이로 들어가 다시 자리를 잡고 앉을 기세다. 아니, 주인이 왔으면 도망을 가거나 물러나야지 하면서 좀전 다람쥐에게 질렀던 소리보다 더 크게 텃밭에 있는 남편을 불렀다. 쏜살같이 달려온 남편은 쌓아놓은 나무더미 속으로 들어가면 낭패라면서 곡괭이로 일격을 가했다. 난데없이 웬 날벼락이냐면서 놈은 기겁을 했겠지만 이제 보기좋게 끌려나가게 생겼다. 아무리 사람 좋은 주인이라도 뱀

만큼은 안 될 성싶다.

연장을 찾으러 뒷방 문을 열었다. 방바닥을 뒤덮고 있는 배설물들이 더 수북해졌다. 여기도 여전히 놈들이 제집처럼 살고 있는 듯하다. 연장을 꺼내려고 덜거덕거려도 천정에 매달려 미동도 않고 놀라는 기색도 없다. 깜찍하기도 하지만 그래도 우리가 주인인데 하면서 은근히 괘씸한 생각도 든다.

몇 년 전부터 뒷방을 드나들 때마다 바닥에 이물질들이 수북수북 늘어났다. 워낙 컴컴한 방이라 천정은 올려다볼 생각도 않고 쥐들이 물건을 갉아서 생기는 쓰레기인 줄만 알았다. 어느 날, 한참 청소를 하는데 천정에서 후다닥하면서 나는 놈이 있었다. 기겁을 하면서 도망쳐 나왔다. 남편이 들어가 보더니 박쥐라고 하면서 그것도 황금박쥐라는 것이다. 그제서야 진기한 생각이 들어 사진도 몇 장 찍었다. 그런데 야행성동물이라 눈도 형태만 있고 거꾸로 매달려 있는 모습에서부터 친근감이 가지 않았다. 그래도 내 집에 온 손님이니 잘 대접하자면서 지낸 것이 이제는 아예 눌러 사는 모양이다.

이렇듯 집안 곳곳 어디를 가도 어느새 터를 잡고 사는 놈들이 한둘이 아니었다. 환영인사를 받으며 우리 집이라고 당당하게 들어왔건만 뭔가 잘못되어 있는 것 같다. 우리가 주인이 아니라 오히려 불청객이 되어 소동을 피운 것은 아닌가. 평화로운 이 집에 느닷없이 들이닥쳐 이틀씩이나 머물면서 집안을 발칵 뒤집어놓은 셈이 되었다. 그러고 보면 부뚜막에 자리를 잡았다가 날벼락을 맞고 쫓겨난 뱀도 억울했을 것이고 앵두를 훔쳐가는 놈이 왔다고 다람쥐들은 소리를 질렀을 것이다. 잠자는데 왜 방해를 하냐며 박쥐들도 저들끼리

투덜거리지 않았을까. 잡초도 주인 없는 마당을 지켰을 뿐인데 여지없이 잘려나간 것이 몹시 못마땅했을 것이다.

이런 저런 생각에 미치자 이번에는 서둘러 마을을 나와야겠다고 여겨졌다. 다음날 마치 쫓기기라도 하듯 급히 서울로 돌아왔다. 다음부터는 적어도 내 집 주인들에게 무례한 불청객은 되지 않아야 할 것 같다.

두루 편안하라

어릴 적 할아버지께서는 편지를 자주 쓰게 하셨다. 구두로 불러주시면 가로로 줄이 쳐진 편지지에 꾹꾹 눌러 적곤 했다. 편지는 늘 '누구누구 전 상서'를 쓴 다음에 '옥체만강하옵시고 가내 두루 편안하신지요'로 시작되었다. '옥체만강'이나 '두루 편안'이 무슨 뜻인지 모르면서 열심히 할아버지 말씀을 받아 적었다.

어느 날은 어린 나를 앉혀놓고 우리 집은 청풍김씨 집안이라고 일러주시던 기억도 떠오른다. 그러면서 여분으로 만들어 두신 가족보(假族譜) 책자 빈칸에 항렬자를 쓰라고 하셨다. 할아버지의 조부는 심을 식(植)이라 쓰라 했고 고조부는 착할 선(善)이라 했다. 나의 할아버지는 넉넉할 '유(裕)'자 항렬이었고 우리는 두루 '주(周)'자였다. 보통 남자에게만 항렬자를 썼는데 할아버지는 여자인 내게 청풍 김씨 26대손에게 쓰는 두루 '주'자를 넣어서 이름을 지어주셨던 것이다.

주일이면 교회에서 예배를 드릴 때마다 이름을 지어주신 할아버지께 감사를 드리곤 한다. 한국 기독교인들이 천만 명이 넘는데 이들이 '주 안'이라는 가사가 있는 찬송을 늘 부르고 있다. 물론 그 '주 안'과 내 이름의 '주안'은 단어로만 풀이하면 전혀 다르다. 그러나 찬송가 가사를 더 들어보면 '주 안에 있으면 마음이 편하다' 라고 했으니 전혀 관계없는 의미는 아니라는 것이 내 생각이다. 무엇보다 우선 발음이 같아 이 찬송을 부를 때마다 많은 성도들이 내 이름을 불러주니 어찌 감사하지 않을 수 있겠는가.

요즘은 부모들이 지어준 이름이 마음에 들지 않는다고 바꾸는 사람들이 많다. 예전에는 호적할 때 동네 구장이 이집 저집 일을 보아준 적이 있었다. 부모는 우리 아이의 이름이 이것이니 이대로 올려달라 해도 가는 도중 잊어버리거나 혼동되어 잘못 기재된 이름도 비일비재하였다. 우리 집만 해도 시누이의 이름이 원래는 혜숙이었는데 구장이 숙자로 올려 육십이 다 된 지금까지도 불만스러워 하고 있다. 또한 생년월일을 제대로 기억하지 못해 시어머니의 생일날인 5월 5일을 두 아들들의 출생일로 모두 올려놓기도 했다. 그래서 실제 생일과 다른 덕분에 일 년에 몇 번씩 생일축하를 받곤 한다.

내 이름이 처음부터 '주안'이 아니었다. 예전 초등학교와 중학교 성적표를 보면 '주완(周完)'으로 되어 있다. '두루 완성하라'는 뜻을 가진 이름이었다. 지금같이 호적등본이나 초본을 떼어볼 기회가 거의 없는 때라 초등학교 입학 때 구두로 불러준 이름이 주완이었던 것이다. 중학교 때 무시험 원년으로 입학하였는데 호적을 제출하지 않았는지 중학교를 졸업할 때까지 16년 동안 아무 의심없이 그렇게 불리며 쓰고 지내왔다.

고등학교 입학 때 호적등본을 제출하고서는 비로소 호적에 '주안'이라는 이름으로 올라 있는 것을 알았다. 학교에서는 '호적대로 해야지' 하면서 그 자리서 이름을 바꾸어 적었다. '주완'이가 늘 못마땅했는데 내심 반가웠다. 이렇게 해서 '두루 완성하라'는 뜻에서 '두루 편안하라'는 뜻을 가진 '주안'이란 이름을 지금까지 쓰고 있는 것이다. 간혹 이름만 듣고는 남자인줄 알았다는 말을 듣긴 하지만 그럴 때마다 '좋은 이름이라 그래요' 하면서 유쾌하게 웃어넘긴다.

글을 쓰는 사람은 호가 있어야 한다면서 지으라고 권하는 이들이 더러 있다. 그래서 고향의 지명과 연결해서 하나 지어보려고 하였다. 고향집에서 남쪽으로 보이는 조그마한 재가 하나 있는데 도토리라는 뜻을 가진 구람재다. 고향 사투리인 '구람'이라는 이름을 빌어서 호를 하나 지어 볼까 생각하였다. 그런데 유명하신 가람 이병기 선생님이 생각나서 이도 아니 될 것 같았다. 가람과 구람은 분명 다른 의미이지만 얼핏 발음이 유사하다보니 그 높으신 어른의 이름을 흉내내는 것 같아 이도 그만두고 말았다. 다른 이름은 호로 들일 생각은 없어 그냥 두루 편안한 '주안'만 쓰기로 하였다.

나이가 들어갈수록 두루 편안한 삶이 점점 줄어들고 있다는 생각이 든다. 몸도 여기저기서 아프다고 신호를 보내니 얼굴이 자연 찡그려지고 치매에 걸린 어머니를 모시면서 힘에 부치면 마음의 평안이 어느새 달아나곤 한다. 오랫동안 정을 나누던 사람이 한때 잘못을 하였다고 해서 이해가 안 된다며 멀리한 사실도 마음이 편치 않다. 더 너그러워지고 두루두루 편안한 삶을 살아야 할 텐데 이름값도 제대로 하지 못하고 있는 것은 아닌가.

오늘따라 창밖에는 봄비가 추적추적 내린다. 내리는 빗소리를 들으며 할아버지가 두루 '주' 자에 편안할 '안' 자로 이름을 지어주신 의미를 곰곰이 생각해 본다. 생전 할아버지의 모습이 또렷이 떠오르는 아침이다.

마 술

월요일 출근길은 늘 몸이 무겁다. 이를 두고 월요병이라고 이름 짓는 사람도 있다. 느릿하게 사무실 문을 열고 들어서는 순간, 어디서 코끝을 사로잡는 향기가 있었다. 얼른 눈이 가는 곳이 사방탁자 위에 놓여진 분홍빛 백합이었다. 날씨도 뜨거운 요즘 이 꽃이 얼마나 가려고, 월요일에 출근하면 모두 시들었겠지, 그런데 발그레한 미소를 머금으면서 반긴다.

묵직했던 몸과 기분이 어느새 분홍빛 향기에 밀려 어디론가 사라졌다. 세상사란 참으로 오묘하다. 묵직한 것만 있다면 얼마나 밋밋할까. 이렇듯 같은 공간에 산뜻한 분홍빛 향기도 있으니 참으로 반가운 일이다.

향기도 그렇지만 사람을 젊게 만든다는 묘약같은 분홍빛 또한 처연하도록 곱다. 그 고운 빛 너머로 '사무실로 가져가라고마' 하는

투박한 경상도 사투리가 들려온다. 지난 금요일 저녁 내게 꽃을 주신 분의 목소리다. 평소 그분의 단아한 모습과 생기에 찬 높은 목소리를 기억해내면서 빙그레 미소짓는다. 그 마음이 송구하고 고마워서 주위의 눈총에도 불구하고 사무실로 다시 들고 들어왔던 것이다.

그분은 언제부터인가 내게 마술을 걸기 시작했다. '누구는 글도 잘 써, 그리고 된 사람이야.' 나는 타고난 글재주도 없거니와 그리 글을 잘 쓴다고는 생각지 않는다. 그리고 미흡하기 그지없는 사람이다. 단지 무엇이든 주어진 일에 열심을 다해 왔던 것 뿐이다. 그러나 글을 잘 쓰고 못 쓰고 간에 내 삶 속에서 그분의 말씀은 마술 같은 힘을 발휘한다. 기운을 돋아주고 영혼을 촉촉이 적시는 신선한 샘물이 된다. 나는 정말 마술에 걸린 것처럼 그분이 말씀하신대로 글을 잘 써보려고 노력한다. 그분이 된 사람으로 인정하는 만큼 올바른 정신과 마음을 품고 자신을 늘 돌아보려고 애쓴다.

예전에 호된 시집살이를 하던 며느리가 항아리 뚜껑을 열고 매일같이 원망에 찬 독설을 퍼부었다고 한다. 하루는 뚜껑을 열자마자 개구리 한 마리가 뛰어들었다. 그런데 들어가자마자 즉사했다. 항아리 안에 가득 찬 며느리의 독기를 품은 말들이 개구리를 즉사시키고도 남았던 것이다. 똑같이 이 세상에 나도는 사람의 말인데 그 부리는 조화가 마치 마술 같다.

나는 오늘 묵직했던 월요일을 묘약에 취한 양 산뜻하게 지나고 있다. 이러한 묘약을 주신 분들이 주위에 더 있다는 것을 기억한다. 이제부터 내 말도 산뜻한 묘약으로 만들어 다른 이에게 마술을 걸어보면 어떨까.

햇살 환한 봄날에

아이들이 모두 성장하여 제 할 일을 찾아가게 되자 몇 년 전부터 또다른 가족들을 맞아들여 한집에 살고 있다. 이들과 하루에 한두 번은 얼굴을 마주하는데 눈길이 닿기만 하면 반짝반짝 빛나는 표정으로 말을 걸어오고 쉴 새 없이 조잘댄다. 그러면 나는 기꺼이 명랑한 기분으로 그 언어들을 열심히 읽는 것이 어느새 일상의 한 부분이 되었다.

이들은 어느 것 하나 같은 것이 없다. 토톰하기도 하고 기다랗기도 하고 작고 앙징맞은 놈으로부터 커다란 덩치까지 각양각색이다. 태어난 곳도 저 멀리 제주도로부터 가까운 동네에 이르기까지 참으로 다양하다. 우리 집에 오게 된 사연도 가지가지다. 말년을 정리하시면서 부탁해 놓고 간 잎새가 기다란 놈으로부터 여행을 갔다가 데리고 온 놈, 옆집에서 미움을 받아 내쫓겨 불쌍해서 갖다 놓은 놈,

상품으로 진열되어 있다가 팔려 온 놈 등등 팔십여 가지의 사연들을 제각기 간직하고 있다. 놈들은 다름아닌 나와 인연을 맺게 된 갖가지 식물들이다.

창가에 봄볕이 부서져 내리자 어디에 그런 센서를 준비하고 있었는지 지금은 여기저기서 꽃망울을 터뜨리고 있다. 제일 먼저 동양난 중의 하나인 천보세가 자줏빛 꽃대를 밀어올려 꽃소식을 전하더니 석곡도 줄기 끝마다 하얀 꽃망울을 나날이 통통하게 불리고 있다. 거반 빈사지경에 있던 행운목이 정성어린 간호 덕분인지 다시 살아나 널찍한 잎사귀를 다섯으로 늘렸다. 산호수며 자스민 가지에도 새순들이 물 올리는 소리를 낸다.

마음의 선물로 받은 화분들은 눈길이 더욱 자주 가게 마련이다. 마치 그 사람을 대하듯 정성을 다한다. 가끔 풍토(風土)가 맞지 않

는지 시들시들 말라가는 것이 있다. 그러면 화분을 준 이도 잃는 것은 아닌가 하면서 애면글면 애를 쓴다. 그중 하나가 붉은 꽃이 아름다운 카랑코에인데 진심어린 마음이 통했는지 시들어가던 꽃대 사이로 새순이 움트더니 나날이 자라기 시작했다. 끈질긴 생명력에 놀랍기도 하지만 분을 준 이와의 도타운 정이 계속되리라는 생각에 마음의 큰 위로가 되기도 하였다.

인생이 다소 무료해지는 요즈음, 나는 이 정직한 가족들과의 만남을 참으로 다행히 여긴다. 사랑을 주면 줄수록 그 보답으로 눈과 귀를 풍요롭게 채워준다. 사람이 사는 염량세태(炎凉世態)에서는 맛보지 못하는 명랑한 즐거움이다.

그러고 보면 사람은 결코 자연을 따라가지 못하나 보다. 본디 사람들은 마음의 풍토가 그래서일까. 지나친 욕심과 이재(理財)에 밝은 명석한 두뇌를 가져서 그럴까. 햇살 환한 봄날에 곰곰이 생각해 본다.

4. 길이 거기 있기에

길이 닿아 있는 한 어디든 가 보리라는 심산이 매번 여행의 목표였다.
(캐나다 온타리오주 맥마이클 갤러리)

길이 거기 있기에

-16번 Yellowhead Highway

캐나다를 동서로 가로지르는 16번 Yellowhead Highway, 길이 거기 있기에 자동차는 쉬임없이 달린다. 서스캐츠완 캐론포트를 출발하여 새스카툰에서 이 고속도로를 만난 후 서쪽을 향해 천여km를 건너왔다. 재스퍼까지 이 도로 위에 있을 것인데 370km 남았다는 이정표가 보인다.

로키로 가는 길은 참으로 넓고 훤하다. 길이 닿아 있는 한 어디든 가 보리라는 심산이 이번 여행의 목표다. 길을 따라가면서 새로운 바람을 맞다 보면, 무료해졌던 삶에 간도 밸 것이고, 살다가 잘못 엮었던 관계의 매듭들도 어쩌면 느슨해질 것 같고, 오만했던 자아도 구멍이 숭숭 뚫릴 것만 같아서다. 그러나 매번 지내놓고 보면 한낱 맹랑한 희망에 지나지 않았던 적이 더 많다. 그래도 다시 한 번 희망해 보기로 한다.

웨스트 에드몬톤을 지난 어느 지점부터인지 정확히 기억은 나지 않는다. 차창 밖으로 나무들이 한둘 얼굴을 보이기 시작하더니 어느새 제법 키 큰 상록수들이 길 양옆으로 도열을 하듯 늘어서 있다. 그 숲들은 로키가 가까워지면서 무진장한 입체감으로 점점 깊어만 간다. 여드레 반나절 동안 머물었던 서스캐츠완 대평원의 느릿한 평면 세상으로부터 비로소 오감을 탈출시킨다. 속도감을 일으키며 정신도 일깨운다.

그러고 보니 로키는 그 긴 팔을 내리뻗어 상록수들을 키우고 그것들을 끝도 없이 거느리면서 고도의 위엄을 갖추게 된 것 같다. 아마 깊숙한 입체감을 내세워 비와 바람이 내는 속도감을 호령하면서 장구한 세월을 묵혀왔을 것이다.

우리와 같은 낯색, 우리와 같은 말을 쓰는 이는 로키가 품고 있는 미에트 온천장 그 어디에도 없다. 안개의 차거운 손끝을 피해 사십도를 웃도는 뜨거운 온천수에 몸을 감춘다. 유황냄새가 코를 찌른다. 뜨거운 온기가 팔다리를 타고 올라 심장으로 전해온다. 헉, 맥박이 급하게 뛰고 숨이 차오른다. 다른 사람은 멀쩡한데 이유를 모르겠다. 감추었던 몸을 빼서 다시 물 밖으로 나온다. 안개 속은 냉정할 정도로 차다. 몇 번인가를 들락거리며 숨을 고른다. 안개를 못 견뎌서 몸을 감췄는데 물속도 팽팽하기는 마찬가지다. 세상의 모든 이치가 그렇구나.

로키가 어느새 어둠을 불러들인다. 안개는 더욱 냉기로 무장하고 온천수 위로 오르는 수증기를 야금야금 씹어삼키더니 내 코 앞까지 바싹 다가와 앉는다. 로키의 크고 높은 위엄만큼 세상이 아득해진다. 먹먹한 두려움이 엄습한다. 이대로 안개는 사람들을 포획하고 마침내는 제 영역 안에 영원히 가둘 것만 같다. 숨은 막혀오고 몸은 더 이상 뺄 곳이 없다. 그동안 나도 모르게 부렸을 오만을 안개는 사각사각 갉아내고 있다.

나는 그 밤에 길을 잃는 꿈을 몇 번이고 꾸어야 했다.

안개의 골짜기 피들계곡(Fiddle Valley)을 벗어나 Yellowhead Highway로 다시 들어섰다. 오토크루즈로 제한 속도를 셋팅하고 오랜만에 보는 5월의 반짝이는 햇살 속을 달린다. 잠시 후 오른쪽엔 만년설을 머리에 인 설산들이 신기루처럼 나타났다. '야! 정말 로키는 로키구나' 옆에 앉아있던 아들이 알듯 말듯한 말을 함성으로 지른다.

재스퍼호와 탤벗호를 양옆으로 두고 16번 도로는 가운데 길을 택해 재스퍼를 향하여 단정히 누워 있다. 에머랄드빛 호수와 병풍처럼 둘러쳐진 눈부신 설산들이 몽환의 풍경 속으로 끝없이 손짓한다. 체질상 어느 여행이든 달갑지 않다는 남편도 그제서야 캐나다라는 나라를 두 번씩이나 오게 된 이유가 있었다고, 달리는 차창 밖으로 연방 카메라를 내민다.

지난 주에 개장했다는 멀린레이크는 아직도 겨울을 깨우지 못하고 있다. 호수가 반쯤 얼어붙어 스피릿아일랜드로 가는 크루즈는 얼음덩이에 발목이 묶여 있고, 옷섭을 매섭게 파고 드는 바람은 겨울 끝자락에 매달려 5월 하순 햇살을 무색하게 만들고 있다. 이 호수가 세계에서 두 번째로 큰 빙하호라고 하는데 큰 몸체를 풀기가 이리도 더딘가 보다.

크루즈를 타고 스피릿아일랜드에 가서 유명 사진작가처럼 셔터를 누르리라는 계획은 접어야 했다. 대신 기념품점에서 로키의 푸른 풍경들을 담은 그림엽서 몇 장과 캐나다에서는 꽤 유명하다는 사진작가 우르술라 크롤(Ursula A. Krol)의 작품을 하나 샀다.

영국 엘리자베스 여왕이 머물렀다는 재스퍼 파크 로지는 할일없는 시간 속에 감금된 듯 보였다. 보베르 호수 위에 떠 있던 하늘색 배 한 척, 파스텔톤 벤치에 앉아 있던 노부부의 정지된 시간, 창이 넓은 카페에서 마시는 느린 커피, 길을 가다 가끔씩 만나는 이런 푸른 평화를 나는 사랑한다.

더 이상 서쪽으로 가는 길을 버리고 다시 방향을 잡아 길을 시작하기로 한 곳 재스퍼(Jasper), 영어로 '옥'이라는 뜻인데 록키의 보석이라고 캐나다인들은 부른다.

모피교역자들이 마을을 세우고 모피를 나르기 위해 철도가 놓여지고, 백여 년 전에는 국립공원으로 지정되면서 로키 관광의 기점으로 성장한 작은 타운. 사천여 명이 산다는 재스퍼는 다운타운이래야 걸어서 몇 십 분이면 족할 거리. 이국의 작은 시골마을을 가방 하나

둘러메고 어슬렁거리며 바람을 맞는 쏠쏠한 재미를 만끽한다.

길모퉁이를 돌다가 들어선 패스트푸드점 A&W. 유명한 햄버거 집이라더니 아들은 치킨버거에 난데 없이 파스 맛이 난다는 루트 비어(Root Beer)를 들고 온다. 거리가 훤히 내다보이는 커다란 창가에서 로키의 공기를 섞어 햄버거를 씹으며 파스음료를 홀짝홀짝 마셨다. 그후 내 정서는 영 아닌, 파스 맛 나는 음료를 아들의 장난기 발동으로 몇 번 더 마셔야 했다. 그러한 아들의 푸른 이마가 오늘은 문득 보고 싶다.

지상에서 가장 아름다운 길

-93번 IceField Parkway

백양나무를 보아야겠다고 재스퍼 다운타운을 벗어나 피라미드 로드로 들어섰다. 십여 분 뒤, 로키의 산중에 보석처럼 박혀 있던 페트리샤 호수가 말간 얼굴을 내민다. 호수로 가는 길 양옆에는 하늘로 치솟은 파인트리가 사열을 하듯 늘어서 있다. 두터운 적막을 거느린 호수는 인기척에도 아랑곳하지 않는다. 그 적막에 균열이라도 내려는지 남편이 파문을 일구며 물수제비를 뜬다. 그것도 잠시뿐, 호수는 요지부동이다.

지구의 북반부, 추운 나라에서 떼 지어 사는 백양나무 숲에 서 본다. 아득했던 기억들이 몰려든다. 꼭 11년 전 한 스승 아래 있던 이들과 이 백양나무 숲에서 파닥이는 웃음을 웃어본 적이 있다. 스승은 바이칼호 백양나무를 우리에게 가르쳐 주었고 정철의 〈장진주사〉를 강의하면서 죽은 후에 우리는 모두 백양나무 숲으로 돌아간다고 했다. 이넌 전 우리 곁을 떠나신 그 스승은 지금쯤 백양나무 숲에서 무얼 하실까.

이웃하고 있는 피라미드 호수에는 거센 바람이 일고 있었다. 옷섶으로 파고드는 한기도 만만찮다. 청명한 날이면 호수 깊숙이 내려와 앉아 있을 하늘과 산과 나무들은 두터운 구름 때문에 부재다. 피라미드 호수를 완벽한 데칼코마니를 펼쳐놓은 모습이라고 하는 이가 있는데 오늘 그 그림은 어림없겠다. 머리카락이 휘날릴 정도로 세찬 바람에 이유없이 거친 대접을 받는 것 같아 차창문을 급히 닫아야 했다. 돌아나오는데 백양나무 숲에서 새끼를 가진 암사슴 한 마리가 배웅이라도 하려는 듯 다가선다. 자동차를 멈추고 잠시 곁에서 보았다. 암사슴의 눈망울은 로키의 푸르고 깊은 호수를 닮아 있다.

길이 거기 있기에 그 길 위에 머물게 했던, 16번 옐로우헤드 하이웨이, 이제 그 길을 벗어난다. 재스퍼 다운타운을 출발하여 93번 도로, 아이스필드 파크웨이를 맞아들였다. 재스퍼에서 레이크 루이스까지 이어주는 230km에 불과한 거리다. 제 속도를 유지하여 달리면 3시간이면 충분하다고 하지만 절반쯤인 크로싱까지 가는 데만 우리는 긴 오후를 다 썼다. 족히 이천 미터는 넘을 한결같은 설산들이 릴레이 경주를 하듯 끝없이 늘어서 마냥 손짓을 해댄다. 그 설산들이 걸어놓은 마법에 취해서 가다서다를 수없이 반복한다. 지상에서 가장 느린 길, 아이스필드 파크웨이를 그렇게 부르고 싶다.

재스퍼를 떠나 30여분쯤 가다 만난 곳이 아더배스카 폭포였다. 빙하가 몸을 녹여 강을 만들어 내고 그 강을 따라 흐르다가 깊은 절벽을 만나면 로키의 파워풀한 폭포들이 된다. 아들은 친구가 이 폭포를 적극 추천했다며 기대를 잔뜩 부풀린다. 이 친구는 내게 스파게티를 만들어 주겠다던 니콜이라는 이름을 가진 여자친구라는 것을 나중에 알았다. 주차장에 차를 세우고 오솔길에 접어들기도 전에 기세좋게 흘러내리는 아더배스카 폭포의 우렁찬 소리가 웅웅거렸다. 23m의 깊은 협곡으로 곤두박질치는 거대한 물살을 내려다보고 있으니 정신이 먹먹해진다. 수많은 시간들이 포개어지면서 만들어낸 퇴적층, 그 퇴적층 사이로 폭포수들이 몸을 던져 협곡을 만들어냈다. 협곡은 제 살이 무너져 내리는 것을 알고는 있는지 역동적인 물살을 온몸으로 대책없이 받아내고 있다. 저리 대책없는 삶도 있는데 내 삶에 있어서는 작은 생채기로 엄살을 떨었던 부분은 없었을까. 시간을 품고 나니 그 기억 속의 생채기들이 이제는

삶의 훈장처럼 남아 있다.

컬럼비아 대빙원에서 흘러내린 물이 강폭이 좁아지고 낙차가 생기면서 형성된 선웹터 폭포, 재스퍼에서 출발한 자동차는 아더배스카 강이 끝나는 지점에서 이 폭포를 만나고 강은 선웹터 강으로 이름표를 바꿔 단다.

선웹터 폭포를 들어서기 전 한국 여행 안내책자에서는 소개되지 않은 Buck Lake라는 안내판이 눈에 들어왔다. 직진하는 방향 왼쪽에 위치한 곳이라 좌회전 신호를 켰다. 주차장에 차를 정지시키자 사위는 원시림에 갇혀 버린 듯 적막하다. 원시림 사이로 오솔길이 보인다. 호수로 가는 길이다. 호수 이름은 수사슴(buck)인데 남편은 곰이 나올 것 같다며 자동차 곁을 떠나지 않는다.

백양나무만큼 긴 다리를 가진 아들은 성큼성큼 걸어내려간다. 아득하게 멀어지더니 원시림 속으로 아예 사라진다. 순간, 오솔길은 적막으로 가득 채워지고 온 우주는 텅 빈 것 같다.

얼마 후 티끌처럼 보이던 움직임이 성큼성큼 커지더니 훤출한 윤곽을 드러내며 아들의 모습으로 되돌아왔다. 우주가 다시 가득 차고 새로운 반가움을 마주한다. 여행은 이렇게 때때로 만나는 새로운 반가움들 때문에 울렁거리게 되나 보다.

대빙원이 가까울수록 산을 두른 안개가 점점 짙어만 간다. 처음 이 도로가 사람들을 불러들였을 때는 바로 옆까지 여름에도 빙하가 덮여있었다고 한다. 지금은 빙하라기보다는 어지럽게 널려 있는 얼음덩어리라고 해야 할 것 같다. 그 얼음덩어리를 사진에 담으려 아

더배스카 빙원 가까이에서 다시 자동차를 세운다. 가급적 커다란 얼음덩어리 곁으로 다가가 이리저리 포즈를 취했다. 너른 빙원에서는 어슬렁거릴 곰도 없을 텐데 남편은 이번에도 자동차 곁을 떠나지 않는다. 멀리서 포즈를 취하고 있는 내 쪽에다 카메라 렌즈를 열심히 맞추는 일을 대신 했다고 한다.

컬럼비아 대빙원을 오르면 어른 키만한 바퀴를 단 설상차에 한번쯤 올라 볼 일이다. 11년 전 그곳에서 평생 늙지 않게 살 수 있다는 마법의 물을 마셨고 보조개가 쏙쏙 들어가는 캘거리 가이드는 미국 엠파이어 스테이트 빌딩 높이 만큼 깊은 이 빙하가 500년 후면 사라질 것이라는 마법 같은 이야기를 하였다. 한국부터 같이 동행했던 여행사 사장은 로키에서 몬도가네라는 닉네임을 얻었다. 레이크루이스 샘슨 몰에서 50불에 단체로 팔려온 빨간 겨울쉐터들이 한여름 눈밭을 사슴마냥 뛰기도 했다. 지금도 그곳에 오르면 축축했던 추억들이 뛰어다닐 것만 같다.

서스캐츠완을 떠나 천여 킬로미터를 넘게 달려와도 지칠 줄 모르던 하얀색 승용차가 선웹터 고개를 오를 때는 걸음이 더디어졌다. 그러고 보니 우리나라 웬만한 산을 하나 넘는 것이 이곳 고개라는 것을 자동차가 먼저 알아차렸다. 전망대에 올라 자동차에게 숨을 고르게 한다. 차창문을 열자 영화관 스크린처럼 거대한 설산들이 눈앞에 다가섰다. 발 아래로는 에메랄드빛 물감을 풀어놓은 듯한 강줄기가 뱀처럼 구불대며 상록수 사이를 건너간다. 사이러스산 암벽이 마치 우는 것처럼 보인다는 '눈물의 벽'이 멀리 눈에 들어온다.

로키는 어디에 눈을 두어도 인간에게 넘치는 감동이다. 이 엄청난 대자연 앞에서, 한계에 다다른 내 문장으로는, 도저히 정리할 방법을 찾을 수 없겠다.

선웹터 고개는 재스퍼국립공원과 밴프국립공원의 경계를 이룬다. 이 고개만 넘으면 밴프국립공원이다. 석 달 전에 한국을 떠난 딸아이가 밴프에 머물고 있다. 밴프란 말만 들어도 가슴에 온기가 서린다.

해가 긴 북반부 나라에는 여름이 가까울수록 느린 오후를 보낸다. 재스퍼에서 점심을 한 후 어둑해서야 크로싱에 있는 숙소에 닿았으니 무려 9시간은 넘게 오후를 보낸 셈이다. 아이스필드 파크웨이를 지상에서 가장 아름다운 길이라고 한다. 하지만 북반부의 긴 오후를 닮아 있어 지상에서 가장 느린 길이기도 하다.

체크인을 하기위해 오피스에 들리니 진열대에서 관광안내 책자들이 눈길을 잡아끈다. 세상은 어디를 가나 여행자들을 오라는 곳 천지다. 여행자들도 가야할 데가 천지로 널려 있다. 문득 아들의 아들도 제 아비와 이렇듯 즐거운 여행자가 되었으면 좋겠다는 생각을 한다. 내 아들의 아들, 이 또한 새로운 반가움 중의 하나다. 그러한 울렁거리는 상상을 안은 채, 이틀째 로키의 품에서 깊은 잠에 빠져든다.

길, 길, 길

-밴프로 가는 길

이튿날은 비가 내리기 시작했다. 어제 보았던 높은 산봉우리들은 구름에 가리고 사방은 온통 습습하다. 이곳 크로싱(Crossing)은 서스캐치원 빙하에서 시작된 노스 서스캐치원 강이 흐르는 곳으로 남으로 레이크 루이스 가는 길과 동으로 11번 고속도로의 분깃점이다.

수천 년 전부터 원주민들이 이 강기슭에서 사냥을 하고 야영을 하며 살아왔고 19세기에는 모피 무역의 중요한 루트였다. 모피상 데이비드 톰슨의 활약상이 이곳에서 꽤 유명하다.

상록수 숲을 지나면 강기슭에 크로싱의 역사와 지형을 설명하는 안내판이 여행객들을 기다리고 있다. 에니스, 아르벨, 이사도르, 파울 데이비드 같은 원주민 추장들의 사진이 전설처럼 걸려 있다.

이곳은 크로싱이라는 이름이 말하듯 길과 길도 만나고 사람과 사람 사이도 소통되는 여러 길이 열려 있다. 과거로 가는 길도 있고 동으로 가는 길도 보이고 남으로 북으로 오르고 내리는 길도 이곳 길 위에 있다.

내게도 한때 이 많은 길 위에서 대책없이 서성인 적이 있었다. 목표물도 정하지 못한 채 아무 길도 보이지 않는다고 그 넉넉했던 시간을 그냥 흘렸다. 이십대를 목마르게 건너가고 있는 딸아이가 바로 내 모습이다. 그 딸아이가 밴프에 있다. 우리는 밴프로 가는 중이다. 그리움의 속도가 나를 지나쳐 가고 있다.

보우 서밑(Bow Summit)을 가까이 다가서자 비는 어느새 눈으로 바뀌었다. 온 세상이 하얀 설국이다. 이 전망대는 무려 해발 2067m 라고 하니 백두산이나 한라산 보다 높다. 일찍이 9월부터 내리기 시작하는 눈은 이듬해 4월까지 계속된다고 한다. 그런데 5월에도 내리다니 기이하다. 하긴 예전에도 6월 하순경이었는데 눈을 맞았던 기억이 있다.

보우 서밑에서 내려다 볼 수 있는 페이토 호수가 있다. 1900년대 초, 캐나디안 로키 지역 가이드로 활약했던 페이토가 자신의 이름을 따서 불렀다는 호수다. 앞선 몇몇 여행객들을 따라 숲 속으로 들어섰다. 내리는 눈은 이 세상의 모든 길들의 경계를 지워버린 듯하다. 페이토 호수라는 목적지를 정했건만 허벅지까지 차오르는 지독한 눈을 도저히 감당할 수가 없다. 더 이상 발걸음이 떼어지지 않는다. 앞서거니 뒤서거니 하던 여행객들이 순전히 눈 때문에 허둥대며 되돌아나왔다.

페이토 호수 가는 길이 막혔다.

다음날 딸아이가 속해 있는 그룹들과 다시 이 보우 서밑을 찾았

을 때는 어느새 두툼한 눈길이 나 있었다. 어제의 무채색 표정과는 달리 뽀얀 눈 위로 내리는 햇살에 숲은 반짝거렸다. 천진하게 쏟아지는 아이들의 웃음도 그렇게 반짝거렸다. 칼든산과 패터슨 산 사이에 평화롭게 내려앉은 페이토 호수. 토사와 빙하가 계절과 섞이면서 천상의 물색을 만들어낸다는 페이토. 봄부터 가을까지는 에메랄드빛, 겨울이 오면 비치색으로 조화를 부려 인간이 범접할 수 없는 천연의 물색. 오늘은 무심하게도 그 물색을 깊은 얼음 밑으로 숨긴 채 무덤덤하다.

5월 말경에 눈이 온다고 생각해 본 적이 별로 없다. 짧은 치마를 입고 눈밭을 겅중겅중한 걸음으로 앞서는 딸아이를 뒤따르며 생각해 낸 것이 5월에도 눈이 온다는 사실이다. 마치 막힌 길이라도 만난 듯 허둥대던 딸아이를 내가 미처 몰랐던 5월에 오는 눈 때문이라고 마음의 가닥을 잡는다. 눈을 들어 멀리 로키의 설산들을 바라보니 마음이 시큰거린다.

보우 서밑을 내려오니 보우강 가에 있던 붉은 색 지붕을 인 로지가 기억을 일깨운다. 1920년대, 캐나다 로키의 가이드로 활약한 지미 톰슨(Jimmy Thomson)이 지은 넘티야 로지(Num-Ti-Jah Lodge)다. 보우강은 재스퍼에서 밴프까지 93번 아이스필드 파크웨이를 가는 동안 오른쪽으로 구불대며 오랫동안 따라온다. 보우는 원주민 언어로 '활'이란 뜻이다. 마릴리 몬로가 주연했던 영화 〈돌아오지 않는 강〉 촬영지로도 유명하다.

깊고 어두운 날씨 탓인지 시간은 흐르는 것도 잊은 채 한눈을 팔고 있는 것 같다. 구름안개는 산 아래까지 허리를 펴고 강을 덮고 있는 거대한 얼음 위로는 적막만이 두텁다. 빨간 점퍼를 입고 붉은

색 지붕을 인 라지를 배경으로 느릿느릿 기념 사진을 찍었다.

레이크 루이스는 11년 전 노란 민들레 밭의 기억을 합친다면 네 번을 만났다. 그때 빨간색 점퍼를 샀던 샘슨 몰에 들려 오늘은 커피를 하기로 했다. 한적하다고 기억되던 샘슨 몰은 이층으로 증축되어 여행객들로 붐빈다. 여행을 하는 내내 그러했듯이 빵 한 조각과 커피 한 잔으로 늦은 점심을 했다.

잔뜩 흐린 하늘을 이고 있는 레이크 루이스는 곳곳에 쌓인 눈더미와 호수를 뒤덮은 얼음과 소매 끝을 파고드는 찬바람 일색이었다. 유네스코가 정한 세계 10대 절경 중 하나라고 하지만 예전에 상큼하고 깨끗한 절경은 왠지 흐려 보인다. 호수는 반쯤 얼어붙어 침묵하고 있고 둘러쳐진 빅토리아 산은 엄숙하다.

다음날 딸아이 그룹들과 다시 찾았을 때도 매서운 바람 때문에 모자끈을 단단히 매야 했다. 찬바람을 피해 호텔 페어몬트 샤토 레이크 루이스에 들어섰다. 커피 라운지의 타원형 창은 레이크 루이스를 따뜻하게 내다보고 있다. 실내는 세계적인 명성을 만나러 온 여행객들로 들썩인다.

요호국립공원으로 넘어가던 날, 네 번째 만남을 가진 날은 햇살이 화창했다. 그러나 바람은 잦아들 줄 모르고 여전히 맵다. 호숫가를 거니는 것조차 허용하지 않을 냉엄한 표정을 짓는다.

그래도 우리는 차곡차곡 환상을 쌓아놓은 밴프로 가는 길이다. 밴프에는 서걱이는 그리움이 있을 것이고 빛나는 풍광이 반길 것이다. 막힌 듯 보여 허둥대던 길은 어느새 열려있었고 무덤덤한 목표물을 만나고 되돌아 나오기도 하면서 길은 그렇게 이어졌다.

서걱이던 그리움과 빛나던 풍광

-캔모어에서

숙소가 있는 캔모어에 도착했을 때 오후의 느린 해는 아직 중천에 떠 있었다. 계절은 5월 끝자락인데도 마당에도 지붕에도 한겨울만큼의 눈들이 수북하다. 창밖으로 보이는 지붕들이 겨울동화에 나오는 풍경들이다.

캔모어는 밴프국립공원 동쪽 끝자락에 있는 작은 마을이다. 로키로 오기 전부터 아들은 밴프보다 더 동화 속 같은 마을이라고 몇 번을 일러주었는데 그 목소리가 들떠 있었다. 친구들과 이곳 교회에 다녀간 적이 있다면서 마을에 대한 기대감을 잔뜩 부풀린다.

숙소부터 우선 마음에 든다. 벽난로에 불을 지피자 거실과 주방이 금방 훈훈해진다. 이층으로 올라가는 계단을 따라가 보니 침실과 화장실이 하나 더 있다. 일반 숙소가 아니라 친지댁에 묵으러 온 것 같다.

로키에서 첫밤을 보냈던 미엣트 핫스프링에서는 원룸 형태로 되어 있었다. 좁은 주방과 거실, 그리고 뒤쪽으로 트윈침대가 놓여진 침실이 고작이었는데 그래도 다행이었던 것은 부엌이 있었다는 것이다.

크로싱에서는 만만치 않은 가격을 지불했는데도 트윈침대와 화장실이 전부였다. 불을 지피는 것은 금지되어 있어 전기밥솥을 이용하여 저녁과 아침을 겨우 해결하였다. 캔모어에서 사흘 밤을 계획하고 왔는데 맘에 든다는 이유로 자작나무 숲 속에 있는 이 숙소에서 결국 하루를 더 묵게 되었다.

짐을 풀고는 아들은 밴프에 있는 딸아이를 픽업해 왔다. 몇 달 만에 본 딸아이의 이마가 반짝반짝 빛이 나고 있었다. 밴프를 향해 서걱이던 그리움과 빛나던 풍광이 딸아이의 눈과 이마에서 반짝거리고 있었던 것이다. 머나먼 이국땅, 생뚱맞은 곳에서의 만남은 아무래도 신기루 같다. 우리 네 식구는 길어진 오후를 마저 쓰기 위해 숙소를 나와 다운타운으로 들어섰다.

캔모어는 여름이 되면 Artspeak를 비롯한 다양한 전시와 공연 등이 열리는 축제로 가득하다. 거리에 인파로 붐비는 그림들을 보아왔는데 바람의 끝이 차서 그런지 거리는 텅 비어 있다. 로키에 들어온 이후 며칠 동안을 호수와 산과 눈만 보아왔다. 이맘 때 쯤엔 사람 구경을 하고 싶다는 생각이 들었다. 겨우 찾아 낸 곳이 짧은 햇살을 즐기려고 노천 카페에 모여든 사람들이 고작이었다. 축제에 열광하던 그림 속의 사람들은 5월 하순엔 모두 부재 중이다.

겨울이 길고 여름이면 낮이 긴 이 나라에서는 짧은 여름동안 갖가지 축제가 끊임없이 열린다. 이곳 앨버타주에서만도 여름만 되면 다양한 장르들이 모여 세계적인 축제를 열고 이를 즐긴다. 거리 한 귀퉁이에 2011년 7월 30일부터 8월 1일까지 개최되는 〈캔모어 포크 뮤직 페스티발〉 티켓 파는 곳을 알리는 포스터가 눈에 띄었다. 〈캔모어 포크 뮤직페스티벌〉은 앨버타 주 음악축제 가운데 가장 유서가 깊고 다양한 장르의 음악가들이 모여 마을을 온통 들썩이게 한다. 캔모어의 여름은 그래서 더 뜨거운 것이다. 거리 위에 나부끼고 있는 축제와 레포츠 등을 알리는 캐릭터들이 뜨거운 여름을 진지하게 기다리고 있는 표정들이다.

어디에 눈을 두어도 캔모어는 설산들이 마을을 내려다보고 빙 둘러서 있다. 예전 소시적 미술시간에 도화지 윗부분에 제일 먼저 그린 것이 끝이 빼족하게 올라온 삼각형 모양의 산이었다. 산 아래는 집이 있었고 시냇물이 흘렀고 들판에는 꽃이 피었었다. 오랫동안 잊고 있던 내 소시적 도화지 속의 그림을 이곳에 와서 다시 만난다. 나지막한 지붕 위로 높이 솟은 산들이 왈칵 반가워진다.

시장기가 돌자 저녁 준비를 위해 마트에 들렀다. 이것저것 먹을 거리를 고르는 동안 딸아이는 유난히 연어를 찾는다. 훈제에 곁들여 먹을 소스와 한국에 비하면 그리 비싸지 않은 살이 붉은 연어를 카트에 담았다. 스테이크로 구을 신선한 알버타 쇠고기와 샐러드용 야채, 그리고 베이커리 진열대로 가서 갓 구워낸 크라상을 샀다.

닥터 지바고와 라라가 시베리아 설원에 있는 어떤 외딴집에 갇혀서 식사를 하는 장면이 나온다. 그 시베리아 설원의 배경이 된 곳이 캐나다 로키의 콜롬비아대빙원이다. 쓸쓸하고 황량하다 할 것이지만 따뜻한 불빛과 사랑하는 이의 눈빛이 모여 있는 훈훈한 풍경은

이 영화의 하이라이트였다. 오래전에 본 영화이지만 이런 풍경이라면 눈 속에 얼마든지 갇혀도 좋다는 생각을 했었다.

오랜 만에 한 식탁에 둘러앉은 우리 가족은 대책없이 쏟아지던 눈 속에도 갇히고, 낯선 이국 땅 그것도 이 로키 산중에 있는 캔모어라는 작은 마을에도 갇혀버린 듯하다. 벽난로의 온기를 적셔가며 딸과 남편은 연어구이를, 나와 아들은 스테이크를 달콤한 소스에 찍어가며 오붓하게 즐겼다. 자작나무 숲을 내다보며 캔모어에서 즐겼던 그 저녁 식사는 이번 캐나다 여행의 하이라이트였다.

서걱이던 그리움의 정점이면서 한없이 빛나던 풍광이었다.

밴프, 그 맑고 빛나는

스치고 지나갔던 동화 속 풍경, 이름만 들어도 가슴이 뛰던 마을. 족히 수천 미터는 넘을 높다란 설산들과 길가로 늘어선 키 낮은 빌딩들의 다양한 표정이 내 가슴 안에 빛났던 마을. 로키의 자연이 만들어내고 사람들이 지켜가는 곳, 밴프였다.

밴프는 세계적인 명성을 얻고 있는 타운인만큼 오가는 관광객들이 캔모어에 비해 다소 많았다. 날렵한 몸매를 가진 런들산과 밴프의 뒷동산이라 불리는 터널산, 북쪽으로 카메라를 두면 어김없이 밴프의 배경이 되는 캐스케이드산, 곤돌라가 설치되어 정상까지 손쉽고 오를 수 있는 설퍼산, 남쪽으로는 보오강까지 타운을 둘러 흐르고 있어 관광지로서 천혜의 요새다. 밴프는 로키 일정 일주일 중 5일 동안이나 우리 가족을 머물게 했다.

밴프의 동쪽으로 바람막이처럼 서 있는 터널마운틴 리조트에 딸아이의 숙소가 있었다. 외관을 산모양으로 설계한 듯 한데 내 눈에는 동화나라 스머프들이 사는 집 같다. 지붕이 거의 바닥까지 내려오고 지붕 속에 창문이 나 있다. 안으로 들어오니 시가지를 내려다볼 수 있는 넓은 창이 일품이었다. 부모님이 러시아 선교사로 있는 딸아이 친구가 직접 그린 캘리들을 들춰 보인다. 바쁜 일정을 소화해 내면서 틈틈이 작업한 카피와 캘리가 노트마다 빼곡하다. 반짝반짝 빛나는 눈으로 딸아이는 열심히 친구 자랑을 한다. 단단해지고 여물어진 모습이다.

밴프에 머무는 동안 현지교회인 Full Gaspel Church에서 예배를 드렸다. 찬양 인도를 하는 지휘자가 눈물을 흘리며 찬양하는 모습이 감동의 바이러스가 된다. 설교는 통역이 있었고 찬양은 언어만 달랐지 익히 아는 곡들이다. 프로젝트 화면에 가사가 있어 그리 낯설지 않은 예배였다. 빵과 샐러드로 점심을 준비하는 교회가족들이 밝고 활기차다. 오후에는 딸과 함께 캠프에 참여했던 한국아이들이 가라지 세일을 한다며 마당에서 분주하다. 시내 곳곳에 포스터를 붙이는 것으로 광고가 된 셈이다. 이곳은 이러한 가라지 세일이 생활 속에서 자연스럽게 자리잡고 있다. 가라지 세일은 집에서 안 쓰는 물건을 차고에 진열해 놓고 파는 데서 유래가 되었다. 이곳 교회마당에서는 멤버들이 각자 한두 가지씩 기부한 물건들을 팔아 여기서 나온 수입금은 전액 선교단체에 기부한다고 한다.

전날은 이 맴버들과 동행하여 페이토 호수와 레이크 루이스, 모레인 레이크 등을 돌아보고 보 밸리 파크웨이를 거쳐 밴프로 다시 돌아왔다. 보 밸리 파크웨이는 밴프와 레이크 루이스를 연결하는 구국도로 트랜스 캐나다 하이웨이가 개통되면서 한적해진 길이다. 기찻길을 따라 구불구불 놓여진 이 길에서 산책을 나온 흑곰 가족을 만날 수 있었다. 새끼 곰 두 마리를 대동하고 나타난 어미 곰이 도로가로 내려오려다 지나는 차량 소리를 듣고는 쏜살같이 숲 속으로 들어가 버렸다. 재빨리 카메라 셔터를 눌렀지만 그리 선명하지 못하다. 로키에서 만나는 야생동물들은 심심한 재미다. 모레인 레이크, 존스턴 협곡에서 만난 친절한 다람쥐, 피라미드 호수를 돌아나오는데 마중 나온 어미 사슴, 밴프 바비큐 장 근처에서 풀을 뜯고 있던 엘크, 떼지어 모여든 청둥오리, 멀린 레이크에서 테이블 위로 빵을 올려놓자 잽싸게 낚아채어 날아가던 긴 꼬리를 가진 흰머리 새. 딸아이가 묵고 있던 숙소 근처에 매일 인사하러 오던 '맥 · 도 · 날 · 드' 라고 이름 지은 네 마리 사슴. 이 터널산에서 사슴 중 가장 덩치가 큰 엘크를 가까이에 두고 본 적도 있다. 정확한 이름은 와피티 사슴이라고 한다. 가끔 이 산 도로에 사슴이나 산양들이 포진하고 있는데 그럴 때면 이들이 스스로 길을 비켜 줄 때까지 기다린다. 로

키의 야생동물들이 특이한 것은 사람들을 무서워하지 않는다는 것이다. 이곳 지역의 특성을 잘 알고 생존본능의 촉수를 아예 내려놓고 있는 모양이다.

바비큐를 하던 날은 오전에 밝은 햇볕이었는데 오후에는 비가 내리기 시작했다. 화덕에 장작을 넣고 불을 지핀다. 신선한 알바타 쇠고기가 갖은 양념으로 무쳐져 불판 위로 얹어지고 연기를 내며 익어간다. 십여 년 전, 미네완카 호수로 가는 바비큐장에서 어둑해질 무렵까지 고기를 구워먹다가 무진장한 모기를 만났다. 모기들이 달려들어 모기 고기(워낙 덩치가 커서 붙인 이름)와 같이 먹던 생각이 불현듯 떠오른다. 잠시 비가 그치자 바비큐장 근처에 야생 오리 무리가 줄지어 나타났다. 멀리 개울 너머에는 엘크가 열심히 풀을 뜯고 있다. 어디를 보아도 느릿한 평화다.

아직은 한산한 밴프 다운타운을 느릿한 걸음으로 걷는다. 그러다가 마트에 들어가 저녁 장을 본다거나 팀홀튼을 만나면 핑거 도너츠에 커피를 시킨다. 편안한 숨을 쉬면서 창 너머로 가득한 한없이 투명한 평화와 눈부신 설산들을 마주한다. 커피 바에 앉아 재스퍼를 향해 달리는 기차소리도 가끔 듣는다.

남쪽으로는 보 호수에서 시작한 보강이 타운을 감싸안고 흐른다. 보강을 건너면 보폭포를 볼 수가 있는데 이곳에서 '돌아오지 않는 강'의 보트를 타고 폭포에서 떨어지는 장면을 찍었다고 한다. 높이가 얼마 되지 않아 폭포라고 하기엔 규모가 작지만 영화 때문에 더

유명해진 듯하다. '보' 란 활이란 뜻인데 이 강 주변에 예전 원주민들이 활을 만들기 위한 나무들을 베었다고 해서 붙여진 이름이다. 이 보강 가를 따라 느릿한 걸음으로 거닐다보니 내장까지 깨끗해지는 기분을 느낀다. 마음으로 얻은 삶의 생채기들을 이제는 정면으로 마주할 용기도 생긴다.

미네완카 호수는 원주민들의 전설 속에 '죽은 자들의 영혼이 만나는 곳' 이라고 한다. 계절은 봄인데 불어오는 바람은 아직 겨울의 끝자락을 벗어나지 못해 크루즈를 타는 선착장은 한산하기만 했다. 투잭 레이크 쪽으로 이동을 하다보면 미네완카 호수의 빛나는 풍광을 볼 수 있는 곳이 있다. 사람들은 잠시 자동차를 멈추고 그 풍광 속으로 빠져든다. 미네완카 호수는 밴프 국립공원 안에 있는 4백여개의 크고 작은 호수 중 가장 크다. 수력발전을 위해 인공으로 만들어진 호수다. 3천여 미터가 넘는 산봉우리들이 만들어낸 협곡 사이로 채워진 담수량은 거대하다. 원주민들이 살던 마을들이 이 호수 속으로 수장되었다. 그래서 죽은 이들의 영혼이 떠돌아다니다가 만나는 곳이라는 말이 아마 인공호수가 조성되면서 나온 말이 아닐까 생각된다. 한때 호수바닥에 살면서 사람들을 잡아먹었다는 식인인어의 전설도 있다. 낚시꾼과 사랑에 빠졌던 인어가 실연을 당하자 목소리로 사람들을 유인해 익사시켰다는 것이다. 이 인어의 유골이 발견되었을 당시 뱃속에는 사람의 시체가 들어있었다는 믿기지 않는 전설은 거대한 자연 앞에 나약한 인간의 모습을 여실히 느끼게 한다.

내 기억 속에 고요한 풍경으로 항상 머물고 있던 투잭 레이크에서 자동차를 정차시켰다. 저온 탓인지 호수 주변에 있던 나무들도 크게 자라지 않았고 오히려 예전 사진에서 보이던 키 작은 파인트리들이 몇몇은 보이지 않았다. 시애틀에서 왔다는 젊은 한국인 부부가 반짝이는 물빛을 이고 서 있었다. 동족의 반가움에 사진을 찍어주며 인사를 건넨다. 주위에는 또다른 인적은 없다. 오늘도 투잭 레이크는 내 기억 속에서 고요한 풍경으로 덧칠해진다.

캘거리 문우가 추천해 준 존슨 레이크에는 눈부신 햇빛이 가득했다. 호수 위로는 고요한 평화가 가득 들어차 바람을 밀어내고 있었다. 느릿한 걸음으로 산책로를 따라 발걸음을 옮긴다. 초록과 파랑을 제대로 구분하지 않았던 어린 시절로 돌아가 호수와 하늘과 나무의 색깔을 모두 푸르다라고 한다. 맑고 푸른 세상을 눈에 가득 담는다. 푸른 세상 한가운데로 쏟아져내리는 햇볕을 온몸으로 즐기고 있는 호숫가 벤치가 있었다. 벤치에 걸터앉아 종아리를 파고드는 바람의 끝이 견딜 만큼 차다라는 생각을 한다. 장난기가 발동하여 아들의 종아리를 슬쩍 건드린다. 의외로 따뜻하다. 기겁을 하면서 피했지만 카메라 렌즈는 순간 작동하여 결과물을 여지없이 내놓았다. 마치 다정한 모자의 포즈를 하고 있는 것처럼. 나는 이 사진을 친절한 모자의 전형으로 사방에 두루 사용했다.

보밸리 파크웨이를 따라 가다보면 존스턴 협곡이 나온다. 빙하가 녹아내리면서 과감한 손길로 빚어낸 작품이 존스턴 협곡이다. 입구부터 족히 수십 미터는 넘을 파인트리가 하늘로 치솟아 있다. 거대한 숲에 비해 두 사람의 그림자는 짧기만 하다. 때로는 혼자이기도 하다가 어느 때는 어깨동무를 하고, 또 눈을 흘기기도 하면서 우리는 한가족으로 살아왔다. 남남으로 만나 부부(夫婦)가 되고 아들로 태어나 부자(父子)가 되는 인연의 끈을 오늘 이 숲 속에서 새삼 생각해 본다. 거친 협곡을 오르다 보면 정점이 되는 곳이 로어폭포와 하이폭포다. 기세좋게 내리는 물줄기가 긴 겨울잠을 자고 있는 로키를 여지없이 깨우고 있다. 그러면서 온몸으로 외쳐대며 끊임없이 뭔가 이르고 있다. 나도 한가족이라는 인연이 눈물겹다고 폭포수 따라 외치고 있었다.

캘거리로 향하는 길이다. 글로 인연을 맺은 한 시인이 캘거리에 산다. 한인 마트에 들러 캠프 아이들의 간식거리를 준비하고 햄버그 집에서 점심을 하는 동안 부부가 마중을 나왔다. 차 한 잔을 하기 위해 굳이 집으로 향했다. 손수 구웠다는 빵과 조금의 과일 그리고 따뜻한 차 한 잔이 여행의 피로를 말끔히 씻어 주었다. 거실을 둘러보니 남다른 그림 솜씨를 발견하였다. 여러 작품들이 거실 곳곳을 장식하고 있어서 카메라 렌즈를 갖다 대었다. 여기서도 또다른 고운 인연을 만나 가슴이 먹먹해진다.

캘거리는 십여 년 전에 이틀 밤을 묵은 기억이 난다. 한 한국인

식당에서 불고기로 점심을 했다. 야채를 더 주문하다가 익혀먹지 않는 민족은 야만인인데 한국인이 그렇다며 야만인 소리를 들었다. 나중에 알고 보니 알버타 주는 주로 목축이 많아 채소를 수입하다 보니 비쌌다. 그렇다고 설명을 해 줄 일이지 동족끼리 야만인 운운하는 것은 지금 생각해도 유쾌하지 못한 일이다.

한번은 한밤중에 세 문우가 사라졌다. 가이드가 주선한 노래방을 가고 싶다하여 이들을 대동하고 자정까지 함께하였다. 자정쯤 채근하여 숙소로 돌아왔는데 잠시 후 같은 룸메이트가 황급히 문을 두드린다. 이들이 또다시 사라졌다는 것이다. 나머지 문우들을 모두 깨우고 낯선 땅에서 무슨 사건이나 난 것처럼 소동이 일어났다. 새벽 6시가 되자 부스스한 얼굴로 이들이 나타나자 안심은 되었지만 이들을 선동한 여행사 사장에게 거센 항의를 하였다. 지금 생각하니 이는 캘거리 현지가이드의 접대방식을 이해하지 못해 일어난 일이었다.

일정을 늘려가면서 우리를 머물게 했던 밴프, 어둡고 긴 터널을 빠져나오니 맑고 빛나는 풍광이 그곳에 있었다. 맑고 빛나는 풍광을 마주한 순간, 그 풍광 속으로 들어가는 길을 찾아냈다. 소통하는 길도 알아냈고 후회와 회한 끝에 끊을 수 없는 사랑이 있다는 것도 발견하였다. 그래서 여행은 누군가 오래 닫아두었던 마음에 열쇠를 대는 일이라고 했던가. 그렇게 밴프는 또다시 내 인생에서 오랫동안 가슴을 뛰게 할 것이다.

이제는 로키를 떠나도 충분했다. 트랜스 캐나다 하이웨이에 들어서니 성곽같은 캐슬산이 오른쪽으로 슬금슬금 다가온다. 곧 이내 몸을 흔들며 멀어지자 자동차는 어느새 로키에게 손을 흔들며 작별을 고하고 있었다. 아들은 오늘 도착할 켈로나에도 빛나는 얼굴이 있다며 열심히 엑셀을 밟는다.

바람으로 만난 도시

캐나다에 입국한 다음 날, 시차적응이 뭐 별거냐 싶어, 오전부터 하버프런트를 가기 위해 셀본 역에서 지하철을 탔다.

한국을 떠나기 전에 그곳 날씨가 어떠니 물었더니 "짧은 팔에다 가벼운 가디건 하나면 충분해요" 아들의 대답이었다.

그러나 웬걸 한반도가 몽땅 들어서도 남는다는 온타리오 호수에서 불어오는 바람이 옷섶을 매섭게 파고든다. 이방인을 맞는 첫날,

이리도 혹독한 손을 내밀고 덤벼들어도 되는거냐, 볼멘 소리가 새어 나온다. 바람의 시작은 도대체 어디서 부터일까. 그 끝은 또 어디일까. 멀리 바다같은 온타리오 호수를 건너다본다. 호수물빛이 유리처럼 차고 투명하다.

노천극장이며 공연장, 댄스장들과 카페들은 아직 북쪽나라 긴 겨울 잠에서 덜 깬 듯싶다. 바람의 꼬리들만 분주하다. 도시 전체가 바람으로 가득 차 보인다.

CN타워에 오르면서 카사로마, 로열온타리오 뮤즘, 온타리오 사이언스 센터, 토론토 동물원 등 9일 동안 이용할 수 있는 씨티패스를 권당 58불씩 4권을 샀다. 아들이 걸려온 전화로 통화를 한다. "응, CN타워에 와 있는데 한 번은 오겠는데 두 번은 오지 않아도 되는 곳 같다." 그런데 나는 이번이 두 번째다.

투명한 글래스 플로어 위에 올라서 300여 미터 지상을 내려다본다. 몸도 정신도 쏟아져 내릴 것 같아 현기증이 인다. 사람들은 즐거워하며 신이 나 있다. 이런 데서 즐거움을 찾는 사람들이 생각보다 단순해 보인다. 사람들은 왜 땅에 있으면 하늘을 오르고 싶고 하늘에 있으면 땅이 보고 싶어질까. 아마 이 글래스 플로어도 금방 떠난 땅이 또 궁금해지는 사람들 때문에, 그래서 늘 북적이는 인파들로 덩달아 신이 나 있는 듯하다.

CN타워에서 내려다보는 로저스 타워 스카이돔이 오늘은 한가한지 열렸다, 닫혔다 반복하며 무료를 달래고 있다.

메이저 리그에서 활약하고 있는 홈팀 'TORONTO BULE JAYS' 경기가 있는 날이면 유니온 역에서 연결된 SKY WALK에 사람들로 빼곡하다. 직장을 가진 아버지들이 휴가를 내고 아이들 손을 잡고 밝은 햇살 속에서 팝콘을 먹으며 야구경기를 즐긴다. 스카이돔은 바빠지고 토론토는 또 하나의 축제분위기로 들뜬다.

한 달여를 보내면서도 결국 이 축제분위기를 경험하지 못했다. 그래서 다음에 올 때는 꼭 해야 할 일로 생각되어 노트에 굵은 글씨로 메모를 했다.

하버프런트에 정박된 요트와 범선들, 멀리 토론토 아일랜드가 손에 잡힐 듯 눈앞에 다가 서 있다. 토론토 시내 건물들이 블록을 쌓아놓은 듯 조잡해 보이고 자동차는 장난감 같다. 그리고 이 거대한 전파송신탑인 CN타워는 인간을 더욱 왜소하고 주눅들게 한다. 자신들이 만들어 놓은 구조물 속에 스스로 갇히고 스스로 공포를 느끼고 스스로 작아지고 싶어 하는 게 어느 나라 사람들이건 다르지 않

CN타워에서 내려다 본 로저스 타워 스카이돔

나 보다. 거대한 탑 속에 갇혀서 작은 점에 불과한 나를 새삼 들여다본다. 현기증과 답답한 공간 속으로 동시에 내몰린다.

하강하는 엘리베이터 안에서 안내자는 쉴 새 없이 뭔가를 설명한다. 모두 알아들을 수는 없었지만 숨 쉬는 것도 참아가며 빠른 어투로 내뱉는 말들이 좁은 엘리베이트 안을 금세 포화상태로 만들어버린다. 가만히 있는 내가 도리어 숨이 차다.

왜 이리 이곳 사람들은 말을 많이 하니 물었더니, 한마디 말을 하기 위해 너댓마디 말을 더 한 후에 하니까 말이 많아 보인다는 것이다.

아주 많이 익숙지 않은, 그러나 이곳에서는 일상처럼, 익스 큐즈미, 땡큐, 유어 웰컴… 말에서조차 친절한 나라. 그래서 거리에 날개를 단 하얀 천사(?)가 있었나.

브레이크 밖에는 조작할 장치가 없다고 하는 빨간색 스트릿카는 토론토 시내 한 명물이었다. 4번 이상 지하철과 스트릿카를 바꿔 타려면 하루에 9불하는 데이패스를 사는 것이 훨씬 경제적이다. 한 번 승차하는데 2불 75센트를 하고 10개씩 파는 토큰은 22불인데 비해 데이패스가 훨씬 유리하기 때문이다.

거리에서 마주치거나 지하철, 스트릿카 안에서 만나는 캐나다인들은 생각했던 것보다 훨씬 친절했고 표정도 오월의 햇살처럼 맑고 투명했다.

한번은 퀸스파크 역에서 지하철을 탔는데 큰 가방을 들고 있어서 그랬는지 한 여자 분이 벌떡 일어나더니 앉으라는 것이다. 노땡큐를 연발했는데도 굳이 앉으라고 하면서 반대편 좌석 쪽으로 가는 것이

다. 분명 나보다 더 나이가 들어보이는데 어찌 이리 친절할까.

어머니를 영락없는 차이니스로 보시나 봐요? 둥글넓적한 내 얼굴 탓에 중국인들이 한 번도 아니고 몇 번씩이나 말을 걸어온 적이 있다는 것을 기억해 내고 곁에 있던 아들이 낄낄대며 하는 말이다. 아하 그래서 저 분도 차이니스? 방금 UT앞에서 한 할머니가 대뜸 다가오더니 중국말로 길을 물어오길래 기분이 묘해지며 손을 내저었던 생각이 났다. 분단국가로 살면서 내 안에 포개진 이데올로기란 장치들이 급브레이크를 작동시킨 것은 아닐까.

다문화주의가 캐나다의 자부심이라고 하는 나라. 영국과 프랑스계가 다수를 차지하여 공통어로는 영어와 불어를 쓰지만 70여 민족을 수용하는 나라. 그래서 다운타운에서 한 시간만 서 있어도 수십 가지의 언어를 들을 수 있다는…

언어가 다르고 피부색이 다르고 문화가 달라도 조화를 이뤄가며 사는 나라. 차고 시린 바람의 손끝을 오히려 즐기면서 커다란 개를 데리고 느릿느릿 산책하는 사람들, 긴 겨울을 지낸 탓에 밝은 햇살만 보이면 아무런 의식의 작동도 없이 공원 어디서나 반라차림으로 일광욕을 즐기는 사람들, 어수선하면서 질서를 찾아 움직이는 거대한 나라 캐나다. 그리고 온종일 바람이 몸을 일으키던 도시 토론토.

바람은 떠돌이 기질을 닮아 있다고, 그래서 흐르고 굴러야 하는 것이라 한다. 나도 한때는 바람의 말간 얼굴을 닮고 싶어, 바람의 꼬리라도 내 몸에 매달고자 안달하던 그래서 나보다 먼저 이 도시에 있어 온, 바람의 마중을 받는지도 모른다. 낯선 도시 다운타운을 서성이며 바람에 온몸을 대고 서서, 생각을 벗고 마음을 벗고, 도망치듯 떠났던 이 땅의 남루한 기억들 모조리 털어내고, 그래서 여행은 바람의 그 무엇을 닮아 자유를 깃발처럼 나부끼며

영혼을 살찌우는. 그렇게 내 북미대륙 상륙기는 토론토에서 만난 맑고 투명한 바람으로 시작되었다

마법의 성, 카사로마

씨티투어를 할 수 있는 티켓 중에 카사로마가 들어 있었다. 몇 년 전에 토론토를 여행했을 때는 오지 않았던 곳이라 궁금했다. 이국에서 첫날 쌀쌀한 바람을 만난 후, 오늘은 옷을 단단히 챙겨 입고 일찌감치 집을 나섰다. 듀폰 역에서 내린 후 스파다이나 로드를 따라 야트막한 언덕을 올라갔다. 채 오르지도 않았는데 붉은 색 지붕을 인 거대한 성이 눈앞을 막아섰다. 스페인 말로 '언덕 위에 세워진 집'이라는 뜻인 카사로마(Casa Loma)다.

언덕이 끝날 즈음 우리나라에서 흔히 보았던 붉은 꽃빛에 밥풀을 하나 물고 있는 듯한 금낭화가 무리져 피어 있었다. 청명한 날씨 때문인지 색감이 더욱 처연하다. 우리나라에서는 금낭화를 며느리 밥풀꽃이라고 하기도 한다. 며느리가 배가 고파서 솥에 붙은 밥풀을 뜯어 먹다가 시어머니에게 들켜, 매를 맞아죽은 자리에 핀 꽃이라는 전설이 있다. 한마디로 가난에 한이 서린 꽃이다. 갑자기 눈이 매워진다. 거대한 성 앞에 핀 가난한 꽃, 캐나다인들은 이 꽃에 어떤 꽃말을 붙이고 있을까.

카사로마는 1913년에 헨리 밀 펠라트(Henry Mill Pellat) 경이 어린 시절 그의 꿈을 이루기 위해 지은 거대한 성이다. 1900년대 초 나이아가라 폭포를 이용한 수력발전으로 막대한 재산을 모은 헨리 경은 3년이라는 시간과 350만 불이라는 막대한 돈을 들여 이 중세풍 저택을 지었다. 98개의 방들은 침실, 접대실, 부엌 외에도 서재, 온실 정원, 지하터널, 술창고, 회랑 등 실내 전체가 각 방마다 독특하게 꾸며져 있다.

우리나라 어느 시인은 이곳을 두 번 방문하고 〈꿈의 궁전〉이라 이름하며 쓴 글을 보았다. 어린 헨리는 부유한 가정에서 자라 부모를 따라 유럽을 여행하면서 중세풍의 성을 만날 때마다 토론토에도 그 같은 성을 세우고자 꿈을 꾸었다고 한다. 그는 명문대를 졸업하고 토론토 시내 가로등에 전기를 공급하는 독점권을 얻은 이후 부를 축적하면서 그 꿈을 실현하였다. 그러나 후대에 와서 꿈의 실현이라기보다는 한 사람의 집념과 허영의 극치였다고 하는 이들도 많다.

나는 패스티켓을 내고 기이한 그 성 안으로 들어섰다. 안내데스크에 한국말이 나오는 오디오 가이드와 한글 안내서를 집어 들었다. 반가웠다. 입구에서 처음 만나는 그레이트 홀(Great Hall)은 그 높이가 60피트나 되어 고개를 뒤로 젖혀야만 천정이 보였다. 오늘만은 이 집 안주인이 된 듯한 기분을 느껴본들 누가 뭐랄 것인가 하는 생각이 문득 들었다. 카메라 앞에서 한껏 포즈를 취하며 천정에 매달린 장식들과 마호가니 목재로 된 서까래를 배경으로 사진을 찍었다.

그레이트 홀을 중심으로 양쪽에 복도가 있었다. 이 복도를 헨리 경은 Art Collection을 진열하기 위해 디자인한 후 '공작새 복도' 라고 불렀다. 복도 양 옆으로 배치된 방들 때문인지 실내는 대체적으로 어둡고 침침했다. 그 복도에 서 있는 사람들은 복도 끝 쪽에 위치한 온실에서 들어오는 강한 빛 때문에 모두 짙은 실루엣이 되었다. 그리고 그 어둠은 이곳에서 무슨 일이 일어날 것 같은 야릇한 느낌을 쌓게 했다.

온실은 벽면과 천정이 모두 유리로 되어 있으며 바닥은 이탈리아

대리석이 깔려 있었다. 견학을 나왔는지 학생들을 모아놓고 스테인 글라스 천정을 올려다보며 선생님이 열심히 설명하는 모습이 눈에 들어왔다. 아이들의 눈동자가 반짝반짝 빛난다. 저 아이들은 이 집 옛주인의 꿈을 두드려볼까, 아니면 집념과 허영을 마음에 묻히고 갈까. 도서관만큼이나 큰 서재는 바닥이 오크로 만들어져 있으며 천장에는 펠라트 가문의 문장이 새겨져 있다. 위용과 허영이라는 언어를 동시에 읽는다.

공부방에는 두 개의 비밀 계단이 있는데 하나는 지하 포도주 창고로 가는 것이고 하나는 이층 부인의 침실로 올라가는 것이었다. 은밀한 즐거움을 술과 아내로부터 얻었다고 하는데 인간적인 흥미가 일었다.

온실 반대편 끝에 있는 오크룸은 '나폴레옹 화실' 이라는 또 다른 이름을 갖고 있다. 수집한 많은 미술품들을 전시하여 붙여진 이름이다. 그 미술품들이 카사로마가 설치되기 전에 몬트리올 미술관(Musee Des Beaux Arts)에 우선 전시되기도 했다. 이 룸은 정교한 무늬로 짜여진 참나무 패널로 이루어졌는데 이를 완성하는데 독일에서 온 한 공예가에 의해 3년이나 걸렸다고 한다.

2층을 연결하는 수단으로 다리가 아픈 부인을 위한 배려로 엘리베이터를 설치하였고 또한 부인의 욕실에 비데가 있는 것으로 보아 1900년대 초로서는 말 그대로 초호화 주택이었다. 최고급 드레스들이 방마다 장식되어 있고 펠라트 부인의 윈저 룸은 영국 왕실에서 손님이 오면 묵게 하는 방으로서 토론토 시내를 한눈에 내려다 볼 수 있는 채광이 좋은 코너에 자리잡고 있었다. 아직도 윤이 나서 반들거리는 피아노와 핑크빛 고급 가구들이 당시 펠라트 부인이 행복한 미소를 짓고 있을 때처럼 빛났다.

헨리 경은 집을 짓고 난 후에도 집안을 장식하기 위해서 유럽 전역을 돌아다니며 150만 달러 이상을 소비하며 사들였다고 한다. 수없이 열린 연회와 찾아오는 손님들, 그리고 40명이 넘는 하인들로 카사로마는 끊임없이 분주했을 것이다. 결국 막대한 유지비와 1차 세계대전 발발 등 여러 가지 이유로 고작 10년 남짓 살고는 이 거성을 떠나야 했다. 또한 본인의 심한 낭비벽도 한몫 거들었고 그의 아내마저도 병들어 세상을 떠나면서 하루아침에 몰락의 길을 걷게 되었다. 그후 카사로마는 토론토 시로 넘어가고 오늘날 관광 명소가 되어 붐비는 관광객들로 다시 분주해지고 있다.

아직 돌아야 할 3층과 지하실이 남았는데 나는 이 마법 같은 공

간에서 어느새 숨이 막혀오고 있었다. 어두운 복도를 배회하는 일이 먹먹했고 익숙하지 않은 높은 천정을 올려다보는 일도 어지러웠다. 하루만이라도 안주인이 되어보고자 했던 생각을 다시 물러야 할 것 같았다.

다시 1층으로 내려와 가든 테라스 문을 발견하고는 힘껏 밀치고 나왔다. 밝은 햇살 속으로 온몸이 쏠리듯 들어갔다. 마치 마법에라도 풀린듯 가슴이 후련해지면서 자유를 느꼈다.

잘 정돈되어 있는 넓은 정원에 이제 막 봄기운이 찾아온 듯하다. 여기저기 피어나는 튤립 등 봄꽃들이 밝은 햇살에 빛난다. 드넓은 정원이지만 여기서도 카사로마의 전체 몸체를 찍기란 내 소형 디지털 카메라로서는 그리 쉬운 일이 아니었다. 아이들과 번갈아가며 셔터를 눌렀는데 거대한 성 앞에서 마법에 걸린 듯한 작은 인간의 모

습이 렌즈에 또 들어온다.

카사로마는 분명 마법의 성이다.

다시 언덕을 내려와 돌계단에 섰는데 금낭화의 붉은 빛이 오월의 햇살에 반짝인다. 캐나다인들은 이 꽃을 '피흘리는 심장(a bleeding heart)'이라 하기도 한단다. 붉은 꽃빛에 하트모양을 하고 있어 그리 부르는 모양이다. 이제 더이상 가난한 꽃이라고 부르지 말아야겠다는 생각이 든다. 며느리가 밥풀을 물고 있는 것이 아니라 붉은 심장에 빛나는 보석이 박힌 것이라고 해야 할 것 같다. 그것이 거성 앞에서 만난 금낭화가 내게 보내는 무언의 언어가 아닐까.

듀폰 역을 향해 내리막길을 걷고 있어도 카사로마는 여전히 내 뒷통수에서 따갑다. 하루만이라도 이 성의 안주인이 되고자 했던 마음을 일찌감치 물렸건만 나는 뒤를 돌아보고 또 돌아본다. 세상의 모든 것들이 떠날 때는 다시 그리워서 그런 게지. 남은 마법을 풀기 위한 주문이라도 외우듯이 중얼거리며 역사로 들어서고 있었다.

토론토의 랜드마크, ROM

세인 조지 역에서 내려 블루어 스트릿으로 나오자 바람의 끝은 아직 차가웠지만 5월의 햇살만은 눈부셨다. 잠시 후, 부서지는 그 햇살 속에서 거대한 삼각형 구조물이 지표에서 솟아오른 듯 불쑥 눈앞에 나타났다. 중세풍 석조건물에 스틸과 유리로 덧대어져 리노베이션(Renovation)된 로열 온타리오 박물관(ROM, Royal Ontario Museum)이었다. 십여 년 전에도 이곳을 방문한 적이 있는데 그때와는 사뭇 다른 표정으로 이방인을 반긴다.

이 저돌적이고 다이나믹한 형태를 가진 건물은 마이클 리친 크리스탈(Cristal Machael Lee-Chin Crystal)이라고 부르는데 기존 박물관에서 확장된 공간이다. 세계적인 건축가 폴란드 사람 다니엘 리베스킨드의 작품이다. 건물 안으로 막 들어서면 거리가 훤히 내다보이는 커다란 유리벽 쪽에 다이아몬드형 스틸 의자도 인상적이다. 티킷팅 부스도 박물관이라기보다는 영화관을 입장하는 것처럼 커다란 벽화와 LCD패널의 그림들로 장식되어 이채롭다. 티킷 체킹하는 곳에 이르러서 고대 이집트의 'Book of the Daed' 특별전이 개최되고 있다는 입광고판이 다시 박물관이라는 의식을 깨운다.

넓고 시원한 로비와 높은 천정은 여전하다. 예전에 수필을 쓰는 문우들 열 명이 의기투합되어 토론토 여행 중 이 ROM을 한국 분이 나와서 안내해 준 기억이 난다. 조금 마른 체형에다가 얼굴색이 하얗다고 기억하는데 지금은 어떠실까. 인근 코리아타운에서 함께 사진을 찍은 골프용품점을 하던 분은 그간 유명을 달리하였다는 소식을 들었다. 세상을 늘 바꾸어 놓기를 열망하는 시간이란 속성을 여기서도 문득 깨닫는다.

로비 오른쪽으로 자리한 중국관에는 명조 때 왕릉의 조형물과 중국, 대만 다음으로 많다고 하는 각종 중국 황실의 유물들이 전시되어 있다. 그 틈새에 마련된 한국관이라고 표기한 곳을 둘러보았다. 그런데 이곳 전시관도 국력에 비례하는가 보다. 도자기 오십여 점이 전시된 세 단짜리 진열장 하나와 한글로 된 병풍이 있는 곳과 여인들의 장신구 등이 있는 진열장, 합해서 진열대 3개가 고작인데 이것으로 방문자들은 한국을 얼마나 읽을 수 있을까. 동방의 조그마한 나라가 이곳 매머드 박물관까지 진출하였다는 사실만으로도 대견해 할 이도 있겠지만, 좀 더 한국을 알릴 수 있는 다양한 전시가 이루어졌으면 하는 바람이 간절했다.

왼쪽으로는 계단 중앙에 있는 빈 공간을 타고 3층까지 치솟은 토템폴이 고개를 뒤로 젖히고 비틀게 만든다. 토템폴은 인디언들이 민속신앙을 위해 세운 기둥으로써 그들의 전설과 이야기를 담은 역사책이라고도 할 것이다. 이 토템폴을 보면서 언제부터인가 인디언에 관해 작은 관심을 가지게 되었다는 것을 기억해 낸다. 한때 유치원 교사를 하면서 아이들에게 종이를 사각기둥으로 만들어 음양각을 주어 토템폴을 만들 때부터 거슬러 올라가야 할 것 같다. 당시는 그 토템폴이 어떤 의미를 주는지 알지 못했다. 그냥 교재에 실린 커리큘럼대로 학습했던 것뿐인데 그것이 인디언이라는 존재감이 내 가슴으로 들어오게 된 작은 동기일지도 모른다는 생각이 든다. 그 후 에밀리 카를 밴쿠버에서 만나고부터 이들에 대한 관심은 부쩍 더 늘어났다.

에밀리 카는 캐나다 서부 빅토리아 출신으로 인디언과 그들의 생활상을 소재로 많은 작품들을 남겼다. 밴쿠버 아트 갤러리에서 처음 에밀리 카의 그림과 그녀의 일생을 담은 영상을 보고 난 후 강렬한 감흥을 지금도 잊을 수 없다. 인디언 마을 숲 속의 작은 교회, 토템폴과 창세신으로 여기던 까마귀 그림, 역동적으로 움직이던 나무와 숲 등은 그러한 감흥을 더욱 보탰다. 그리고 언젠가 이들에 대한 수필을 써 보려고 마음에 두고 있는 것도 계속해서 관심을 놓지 않은 이유가 될 것이다. 아무튼 토템폴은 그렇게 우뚝 서서 거만하게 나를 맞았다. 웬만한 것은 모두 소화해내던 내 카메라 렌즈가 이때만큼은 그 거대한 몸체를 담기에 한계였다.

인디언관이 예전에는 지하층에 있었던 것으로 기억하는데 지금은 토템폴 기둥이 있는 1층에 〈The first peoples〉라는 전시관에 진열되어 있었다. The first peoples는 The first Nations라고도 하며 인디언을 지칭하는 현대적 명칭이다. 유럽인들이 미대륙에 상륙하던 17세기 경에는 이들 원주민과 우호관계였으나 그들의 영토와 사냥터를 잃게 되자 관계가 악화되었고 침략자들은 점점 더 잔혹해졌다. 이때 부르던 이름이 인디언인데 지금은 원주민 지도자들의 개명요구에 의해 위와 같은 현대적 명칭으로 바뀌었으나 아직 정립되지 않은 상태다. 북쪽지방에 사는 원주민도 '날고기를 먹는 사람' 들이란 뜻인 '에스키모' 에서 지금은 '사람' 이란 뜻인 '이누잇' 으로 불리고 있다.

전시실에는 이들의 역사를 읽을 수 있는 소소한 역사물들이 유리장들을 가득 메우고 있었다. 실존했던 추장들의 모습과 그들이 평소 쓰던 생활용품들이며 전쟁을 할 때 썼던 무기 등 과거를 간직한 흔적들이 그득했다. 그 흔적들을 보고 있노라니 인간 이하의 취급을 받았던 약자의 눈물이 고여 있는 듯해 어느새 눈시울이 매워졌다. 지축을 흔드는 말발굽소리에 울부짖는 아이들의 목소리, 가죽이 벗겨지고 참수당한 채 널부러졌던 시체들, 검붉게 솟아오르는 불길에 휩싸인 인디언 마을의 정경이 영화 속 필름처럼 스쳐갔다. 수천 년 역사를 가진 이들의 원시사가 수백 년에 불과한 문명의 역사 속으로 함몰된 현장이었다. 이러한 역사물들로 북미대륙의 주인이었던 원주민들의 오랜 역사를 모두 말하기에는 턱없이 부족하다는 생각이 들었다. 그리고 이제 와서 묵은 역사를 어루만지려는 ROM의 손길을 이들은 어떻게 받아들이고 있을까.

2층에 마련된 자연사 박물관이 많은 화제가 되고 있는데 그중 근래 확장공사된 공룡갤러리는 또 하나의 커다란 볼거리다. 쥬라기 공원이라는 영화를 연상케 하는 갤러리에는 금방이라도 철퍼덕 소리를 내며 튀어나올 것 같은 생동감있는 디스플레이가 압권이었다. 비상하고 교활한 벨로시랩터(Velociraptor)라는 공룡이 있는가 하면 티라노사우루스 등과 같은 거대 육식 동물까지 모든 전시물들이 매머드 급이었다. 공룡은 2억 3

천만 년 전인 삼엽기(Triassic)부터 백악기(Cretaceous)까지 무려 1억 6천만 년 동안 지구의 주인이었다. 빙하기와 운석충돌기를 맞아 지구상에서 공룡들이 멸종하기에 이르는데 오늘 이 박물관을 통해 다시 부활하여 상상의 원시림을 만든다.

어느 겨울날, 공룡알을 보러 오지 않겠냐며 초대받아 시화호에 간 적이 있다. 다녀와서 〈바다빙수〉라는 수필을 써서 발표하기도 했다. 그때부터 공룡은 내게 또 다른 관심의 대상이 되었고 이들을 통해 종종 태고를 상상하는 일은 즐거움이 되곤 했다. 시화호에서 이들이 낳은 알만 보고도 가슴이 설레었었는데 이곳에서 실제 크기의 형상들을 보니 위압감이 들기도 했지만 적잖은 흥분을 감추지 못했다. 부활한 공룡무리들 속을 배회하면서 선사시대로 귀환한 것 같은 착각이 일기도 하고, 나도 어쩌면 저들 눈에 이상한 동물 모양으로

비칠지 모른다는 생각도 들었다. 그래서 고개를 쳐들고 따라다니던 인간이란 우월감을 박제해서 이곳에다 걸어놓고도 싶어졌다.

5월 마지막 주 수요일, 무료관람 시간에 맞추어 홀로 뮤지움 역에서 내렸다. 무료관람 시간이 한 시간밖에 되지 않아 지난 번 가족들과 왔을 때 지나쳤던 고대 이집트의 'Book of the Daed' 특별전을 우선 보기로 하였다. Book of the Daed란 우리말로 '사자(死者)의 서(書)'라고 번역하고 있다. 사자의 서란 이집트 왕조가 성립되기 전부터 알렉산더 대제에 의해 왕국이 멸망할 때까지 약 삼천 년간에 걸쳐 수록된 이집트인들의 내세에 대한 안내서이다. 이 책 속에는 내세에서 부딪히는 여러 가지 사건들에 대한 주문과 신들에 대한 서약 등이 담겨 있다. 주로 파피루스에 기록돼 두루마리 책으로 만들어져 미라와 함께 매장되었다고 한다.

미라는 이집트인들이 사후에도 영원히 산다고 믿었던 그들의 신앙과 문화에서 비롯되었다. 이들은 죽음을 내세에서 시작되는 새로운 삶으로 보고 심판 후 부활하기 위해서 몸과 영혼이 다시 합해져야 하니 영혼이 들어갈 몸이 필요했던 것이다. 그래서 사체에 몰약 같은 여러 가지 방부제와 향료를 넣어 보존하려 했다. 재미있는 것은 장기는 모두 꺼내고 심장만을 남겨두는데 천국으로 가는 무게를 달기 위해서라고 한다. 심장은 육체적 활동의 중심이라는 생각과 감정의 근원이기에 양심의 상징이 되었다.

이번 특별전시된 '사자의 서'는 글씨뿐만 아니라 저승을 보여주는 여러 그림과 망자를 심판하는 장면 등 그 길이가 꽤나 길었다. 심판장 오시리스가 의자에 앉아 있고 자칼의 머리를 한 아누비스가

영혼을 안내하고 있는 모습도 있다. 망자의 심장을 달기 위한 저울과 무게재기의 심판관인 토트도 보였다. 심장을 한편 추에 올려놓고 반대편에는 진실을 상징하는 마트의 깃털을 올려놓아 심장이 무거우면 천국에 들어갈 자격이 상실된다. 그러면 곁에 있던 위대한 파괴자에게 즉시 잡아먹히는데 이는 영원한 죽음을 뜻한다. 내세의 영생을 위해서는 현세를 잘 살아야 한다는 묵시적인 가르침이 문득 정신을 들게 한다.

국내에서는 직접 미라를 볼 기회가 없었는데 이곳에서는 왕가의 미라 뿐 아니라 귀족들과 세마포에 싸여진 아이들의 것도 있었고 특히 전시실 한곳에 이르렀을 때는 평민의 미라도 눈에 들어왔다. 사체를 직접 대한다는 것이 섬뜩했지만 한편으론 이 생경한 풍경에 호기심이 발동하면서 유심히 살펴보았다. 관 외부를 장식한 화려한 무늬와 그림들, 망자의 초상을 그린 마스크와 그리고 부장품으로 생전에 사용했을 법한 집기들이며 귀금속, 장신구들까지 미라 곁에서 또렷이 잠이 깨어 있었다. 시공간을 초월하여 내 눈에 들어온 저 미라는 무슨 말을 걸고 싶은 것일까. 묵혀 놓은 세월을 풀어놓고 하고 싶은 그 말은 무엇일까. 유한한 인생과 불안한 현실세계를 극복해 보려는 고대인들의 삶과 죽음에 대한 지혜를 읽으라는 것일까. 대책 없이 한꺼번에 쏟아지는 무수한 언어들이 내 뇌리 속으로 마구 덤벼든다.

박물관은 수많은 시간들이 박제되어 영원 속으로 흘러들어 가고 있는 공간이다. 수억만 년 전부터 현대에 이르기까지, 케케묵은 것들부터 참신하고도 기발한 것들까지 오늘 우리에게 끊임없는 말을 걸고 있었다. 특히 ROM은 규모면에서 북미에 위치한 박물관 중 5위라고 하며 전시물도 600만 점에 이른다고 한다. Canada's First Peoples나 공룡갤러리, 고대 이집트관 외에도 작은 나비 표본으로부터 도자기, 미술품, 갖가지 보석(gems)에 이르기까지 40여 전시실에 그득하다. 이들을 모두 내 기억 속에 가둔다는 것은 버거운 일이지만, 수억 년의 시간을 잘 포장하고 박제하여 걸어둔 공간 속으로 몸과 마음을 들여놓았다는 사실 만으로도 ROM은 내게 충분히 감동적이었다.

그런데 이 ROM이 세계에서 가장 못생긴 건물 중 8위에 속하는 악평을 받았다. 전형적인 건축방법을 추구하는 묵은 것들의 대명사인 박물관이라는 이미지와 기존과 다른 혁신적인 현대식 건축물의 조화가 못마땅하기도 했을 것이다. 이에 리베스킨드는 "왜 박물관이라고 해서 기발하고 예기치 못한 건축물이 어울리지 않는가. 이러한 창조는, 박물관은 물론 도시 시민들의 삶을 새롭게 바꿔놓을 것이다"라고 역설했다.

ROM은 토론토의 랜드마크적 기능을 담당하고 있다. 토론토는 ROM의 이미지처럼 묵은 것들이 속도를 내며 달려가는 새것들과 익숙한 조화를 이루고 있는 도시다. 마천루들이 즐비한 사이로 뾰족한 첨탑을 이고 있는 낮고 오래된 교회당의 석조건물은 새것들에 비해 조금도 주눅들어 보이지 않는다. 시내 곳곳에 백년을 족히 넘었을 빅토리아식 건물들이 어디 한곳 하나 기울지 않고 현대식 건물들과 늠름하게 어깨를 견주고 있다. 나라의 역사는 짧지만 묵은 것들에 대해 하찮거나 소홀히 여기지 않으면서 저돌적이며 급진적인 것들도 과감히 수용하는 역동의 도시라는 이미지가, 오늘은 ROM을 다녀온 후 내 오감에 덧대어져 리노베이션되고 있었다.

칠월의 캐론포트

리자이나(Regina)는 사스캐츠완 주도인데 밴쿠버 공항 입국 관계자도 '레지나'라고 발음할 정도로 모르는 사람들이 더러 있다. 캐론포트는 이러한 리자이나에서 자동차로 한 시간을 또 가야 하는 아주 작은 마을이다. 사스캐츠완 너른 평야에 둘러싸여 학교를 중심으로 마을 사람들이 있고 훼밀리 닥터가 운영하는 조그만 클리닉, 눈에 띌까 말까 한 경찰서 간판이 정겨움을 더하는 곳이다.

이십여 일을 미국 등지로 여행하다보니 과다한 칼로리를 감당하지 못해 운동을 해야겠다고 생각했다. 그래서 매일 같이 마을을 한 바퀴씩 돌면서 새로운 풍경들과 인사를 하게 되었다. 잔디를 깎고 있거나 정원에 꽃을 심고 있거나 자전거를 타며, 걷거나 뛰면서 운동하는 사람들도 종종 만난다. 가끔 '하이, 헬로우, 굿모닝' 하면서 낯선 동양인에게 인사를 건네오기도 한다. 아들 말로는 마을 사람들은 이미 어머니를 '진실 박 어머니'로 알고 있을 것이라고 한다. '여기서는 나를 중국사람으로 안 볼까' 하면서 다시 물었다. 토론토에서 여러 차례 겪었던 경험 말고도, 썬더베이에서 일식당을 갔을 때 중국말로 메뉴를 물어오던 기억을 떠올리면서 아들은 웃는다.

아침이면 아이들이 학교에 가느라 골목 안이 잠시 소란해진다. 어떤 아이들은 스쿨버스를 타고 또는 자전거로, 더 가까운 아이들은 걸어서 한차례 지나간다. 그것도 잠시 지나면 다시 마을은 고요 속에 묻힌다. 나는 그 고요가 가득한 공간 속을 걸으며 자유로운 바람의 냄새를 맘껏 들이마시곤 했다.

하루는 오전에 비가 내려 오후에 집을 나섰다. 마을을 벗어나면 동쪽으로 큰 비포장도로가 있다. 오전에 내린 비 때문에 도로는 자동차 바퀴로 움푹 패여 있고 운동화 바닥에 달라붙는 흙의 무게가 이만저만이 아니었다. 걸음을 옮기는데 조금 불편했지만 터닝포인트로 잡고 있는 표지판까지 가기로 했다. 마을은 가물가물 멀어지고 길 양옆으로는 끝도 없는 들판이 펼쳐져 있었다. 지난 오월 중순에 비해 달라진 것이라고는 들판에 초록색이 조금 짙어졌을 뿐이다.

한참을 걷고 있는데 주위가 갑자기 어두워지더니 바람이 불면서

또 비가 내리기 시작했다. 이곳에서 자주 변하는 것이 있다면 하루에도 몇 번씩 표정을 달리하는 날씨이다. 비를 피할 곳이라고는 어디를 둘러봐도 없었다. 사나운 바람결에 묻어오는 빗방울이 얼굴에 따갑다. 길게 자란 녹색 풀들이 불어오는 바람에게 길을 내어주며 춤을 추듯 일렁거리는 모습이 무슨 환영인사 같기는 한데 좀 거칠다는 생각이 들었다. 오는 비를 고스란히 맞으며 바삐 발걸음을 옮겼다. 마을로 들어서서 집으로 오는 사이에 비는 어느새 그쳐 있었고, 현관문을 들어설 때쯤엔 이미 얇은 옷들이 습기없는 바람에 모두 말라 있었다. 낯선 마을에서 호된 신고식을 치른 기분이었다.

어제 비를 만났던 그 비포장도로에서 오늘은 큰 개를 만났다. 아이들 둘이 자전거를 타고 큰 개는 그 뒤를 따르고 있었다. 말이 개지 우리나라 송아지보다 더 커 보였다. 어느새 그 큰 개가 아이들을 앞서서 뛰어오더니 입에는 허연 거품을 흘리며 내 가슴팍으로 겅중겅중 뛰어오른다. 낯선 길에서 이런 황당한 일을 당하니 저절로 큰

소리가 나왔다. "오우- 노우, 노우!" 주근깨를 얼굴 가득 달고 있는 한 아이가 황급히 다가왔다. 약간 튀어나온 이를 드러내며 "아엠 쏘리"를 되풀이한다. 괜찮다는 의사표시를 바디랭귀지 포함해서 연달아 쏟아냈지만 내심 겁에 질려 당황했던 것은 사실이다. 후에 마을에서 아이들을 만났을 때 모두 수줍어서 그런지 고개를 숙였는데, 주근깨가 가득한 이 아이만 아는 체를 하면서 큰 소리로 굿모닝 인사를 하였다. 그날따라 약간 튀어나온 이가 무척이나 귀엽게 보였다.

여름으로 가는 캐나다 날씨는 비가 자주 왔다. 오늘도 낮 동안은 비 때문에 꼼짝을 못하고 저녁 무렵에 마을 중앙로를 걷고 있었다. 학교 서점 쪽에서 누군가 큰 소리로 "헬로우" 하면서 부른다. 이 년 전 이곳에 왔을 때 아들과 함께 기거하던 룸메이트였다. 지금도 절친하게 지내는 네팔에서 온 쏘러브라는 친구다. 아르바이트로 마을 방범을 맡고 있는데 저녁에만 일을 한다. 마트에 가면 타라고 하면서 조수석 문을 열어준다. 걷고 있는 중이라고 했더니 영어로는 내일 집에 들리겠다고 하고는 한국말을 어떻게 배웠는지 "이따 봐" 하면서 큰 소리로 웃는다. 아들이 미국에서 사온 선물을 주려고 불렀나 보다.

한국에서 친구 어머니가 오셨다고 제프리가 저녁 초대를 하였다. 아들과 쏘러브, 그의 캐나다 여자친구인 스테파니, 제프리의 아내 멜라니와 함께 식사를 했다. 제프리는 아프리카 가나 사람이고 김치를 좋아하며 멜라니는 캐나다인인데 녹차를 좋아한다. 결혼 4년차로 제프리가 이번 학기에 학과가 끝나 온타리오 주로 이사를 갈 예정으로 있다. 쏘러브가 각종 야채와 고기가 듬뿍 들어간 인도 커리를 해오고 제프리는 한국인이 즐겨 먹는 잡채를 식탁에 올려 감탄을 자아내게 했다. 다섯시부터 시작된 저녁 식사가 마지막 커피를 마신 후 열시가 거의 되어서 끝났다. 제프리는 한국말로 아들에게 '형'이라고 부르며 내게는 '어머니'라고 하면서 친근감을 더했다. 캐나다의 작은 마을에서 피부색이 다른 다문화적인 사람들이 함께한 저녁 식탁은 지금 생각하니 무슨 신기루 같다.

가끔 마을을 벗어나 무스 자로 식료품을 사러 가거나 치과 가는 길에 동행하여 타운 여기저기 그려진 벽화들을 감상하고, 하이파크도 들려 산책을 하기도 했다. 주일이면 리자이나 한인교회에 나가 예배드리고, 식사도 하며 차도 마시고 사스캐츠완 한인문학회 회원들을 만나 동인지 교정보는 일 등, 유월 하순까지 사십여 일의 시간들이 쏜살같이 흘렀다.

마지막 주일은 학교 안에 있는 현지교회에 나가 예배를 드렸다.

찬양은 언어만 다르고 곡조는 우리가 사용하는 찬송가와 같아 별 어려움이 없었지만, 설교시간은 과중한 이국 언어들이 무차별 들어오는 바람에 오히려 머릿속이 하얗게 되어버렸다. 예배 후에 아들의 하우스 처치(House Church) 멤버들이라면서 세 여성의 인사를 받았는데 모두들 밝고 투명한 목소리에다 눈동자마저 반짝였다.

한국으로 돌아온 얼마 후, 아들에게서 칠월의 캐론포트를 보여주겠다며 사진이 한 장 날아왔다. 길은 익숙한데 비어 있던 양쪽 들판이 노란색으로 풍성하게 물들어 있었다. 아무 것도 없던 들판에서 무슨 일이 일어난 것이냐며 물었다. 카놀라라는 일종의 유채가 칠월이 되면서 마을을 온통 노랗게 물들였다는 것이다. 처음 보는 풍경에 축제라도 열린 것처럼 아들은 들떠 있었다.

캐나다로 떠나기 전에 이곳은 아무 것도 없고 아무 할 것도 없다며 아들은 몇 번을 강조하였다. 그러나 아무 것도 없다던 마을에 자유롭고 평화로운 바람이 그득했고, 끝없이 펼쳐진 사방의 초록 들판과 그 들판을 품어 안고 있던 무한한 하늘, 서로의 문화를 존중하며 투명한 목소리로 웃고 즐기던 저녁 식탁, 이방인을 바라보던 따뜻한 시선 등 모두 낯설었지만 친근한 풍경들이었다.

그러한 풍경들 위로 노랗게 덧칠해진 칠월의 캐론포트는 내 인생에 있어서 또 하나의 인연을 향한 무진장한 그리움이 될 것 같다. 그리고 또 다른 숨을 쉬게 하는 풍성한 통로도 될 것이다.

4월의 캐론포트

아들의 대학원 졸업식이 4월로 예정되어 있어 다른 해보다 일찍 캐론포트를 찾았다. 생각보다 훨씬 쌀쌀한 바람이 먼저 와서 이방인을 맞는다. 그래도 양지바른 쪽에는 언듯언듯 눈 인사를 건네는 노란색 민들레, 마음은 훈훈하다. 잔디도 시간을 달리하며 초록빛을 보태갔다.

햇살이 맑은 날이면 어김없이 잔디밭에 누워 일광욕을 즐기는 사람들이 눈에 띈다. 대문을 마주하고 사는 홍콩 출신 유니스는, 빙판에서 넘어져 다리를 깁스하고도 잔디밭에 의자를 갖다놓고 앉아 오랫동안 햇살을 즐기며 책을 읽는다. 유니스에게 남편은 몇 번이고 초콜렛이며 과자를 주기 원했다. 다섯 개를 가지고 가면 두 개만 먹겠다는, 캐론포트를 떠나던 날 이들을 초대하여 매운 한국음식을 내놓았다. 후후 불어가며 열심히 먹는 모습이 캐론포트의 햇살처럼 맑다.

마을길을 산책하고 있는데 jinsil park의 부모님이냐고 누군가가 물어온다. 그렇다고 했더니 친구라고 소개를 하는 것은 알아듣겠는데 다음은 빠른 말투로 뭐라 하는지 도무지 모르겠다. 그런데 한 가지 알 수 있는 것은 아들에게 보내준 한국 브랜드 패딩점퍼를 이 아이가 입고 있었다. 나중에 알고 보니 트라비스라는 이름을 가진 원주민계 학부 학생이었다. 가정 형편이 어려운 것을 알고 아들이 입고 있던 점퍼를 벗어준 모양이다. 트라비스는 우리가 캐론포트에 머물고 있는 동안 수시로 찾아와 비누며 라면 등 생필품을 얻어갔다. 돌아가는 그의 두 어깨가 삶의 무게 때문인지 늘 쳐져 보였다.

아들의 졸업식 날은 바람의 끝은 찼지만 청명한 날씨였다. 오후부터 시작될 졸업식에 참석하기 위해 한 시간 가량 떨어진 리자이나에서 딸아이도 오고 교회 목사님 부부와 친구들이 왔다. 식장 밖에서 입장을 기다리는 아들의 모습이 매우 상기되어 있다. 정말 졸업을 하는 것이냐며 몇 번을 되묻는다. 삼십여 명이 같이 강의를 들었는데 저 혼자 졸업을 하니 그간의 과정이 어떠했는지 넉넉히 짐작이 간다.

교수진들이 먼저 입장하여 강단 맨 아래에 자리를 잡으면 학부생들 그리고 MA 졸업생들 맨 나중에 단 한 명의 MDVi 졸업생인 아들이 입장하고 가장 뒷자리에 가서 앉는다. 축하객들이 가득 들어찬 가운데 졸업식 순서는 엄숙하고도 정갈하게 진행되었다.

총장은 졸업생들 하나하나에게 축하 멘트를 하며 졸업장을 건넸다. 대학원 졸업생들에게는 후드를 둘러주며 그동안의 수고에 대한 치하를 아끼지 않는다. 아들이 맨 나중에 붉은 색 후드를 받는 것으로 졸업식순은 마무리되었다.

꽃다발을 안은 채 얼굴에는 연신 웃음을 가득 채우고 있는 아들을 본다. 얼굴색이 다른 여러 나라 사람들이 찾아와 포옹을 하며 축하를 한다. 그동안 캐나다에 와서 새로이 관계된 사람들이 참으로 많아졌다는 생각을 한다. 아들은 이 모두에게 특유의 커다란 웃음소리를 내며 응수한다. 망망대해에 홀로 떨어져 죽어라고 헤엄쳐 사람이 사는 동네 속으로 들어갔다는, 처음에는 다른 언어로 말을 걸어오는 사람들이 무서워 학교식당 급식도 끊었다고 한다. 그러다가 벽 속에 갇혀버리면 안 되겠다는 생각에 다시 학교식당에서 하는 아르바이트를 자원했다. 지금은 주방장아저씨가 너의 부모님이 오면 꼭 인사시켜달라고 할 정도로

그 벽이 녹녹해졌다. 그분의 친절한 도움도 커다란 힘이 되었다고 한다.

졸업식이 끝나고 연례행사로 저녁 만찬을 한다. 식사를 하면서 지도교수는 몇몇 성적 우수자들을 많은 하객 앞으로 불러낸다. 학교 안에서 밥을 많이 주는 사람으로 이름이 나 있다고 아들을 소개하면서 이곳에서 흔치 않은 일이라는 것이다. 일주일에 한 번씩은 한국인이든 아니든 초대하여 제육볶음이나 된장찌개 등 한국음식을 만들어 먹이고, 어느 날은 그 좁은 기숙사에 서른한 명까지 초대해서 파티를 연 적도 있었다. 말을 걸어오는 것조차 무서워했던 한 동양인이 많은 서양인들에게 밥을 주며 그들 속에 들어가 새로운 문화를 만들어내고 있었던 것이다.

그러한 덕분에 우리도 지구촌의 자그마한 시골 동네 캐론포트를 세 번씩이나 방문하게 되었다.

언제 보아도 마을은 적막을 그득 품고 있고 사스캐츠완의 대평원에 둘러

싸여 표정 또한 다소곳하다. 고속도로를 막 벗어나 마을로 들어서면 제일 먼저 눈에 들어오는 커다란 십자가, 비스듬히 서 있는 동서를 가로지르는 캐나다 넘버원 하이웨이 안내판, 조금 더 지나면 학교 도서관이 보이고, 덤덤이 서 있는 오래된 우체국이며 그 앞으로 흙먼지를 언제나 뒤집어쓰고 있는 주차장 풍경, 그리고 가끔 자전거를 탄 아이들이 먼 거리에 떨어진 친구를 부르는 소리가 적막한 공기를 잠시 흔드는 것 뿐, 나머지 이야기들은 굳이 만들어 내야하는 그러한 곳이다.

4년 전에 비해 달라진 것이 있다면 마을 어귀에 '캐론포트' 라고

새겨진 커다란 표지판이 새로이 등장하였고 그리고 동쪽에 자리한 공동묘지에도 묘비가 몇 개 더 늘어났을 것이다.

끝없이 푸르던 굉장한 하늘과 유리알처럼 투명한 햇살, 그리고 가끔 대평원 끝자락부터 불어오는 바람이 마을을 휘감아도 뒤척이지 않는 유연한 그 표정.

5월이 되면 우리는 이곳을 떠난다. 그러나 붉은 후드를 두르고 마음 달뜨게 했던 청명한 4월의 캐론포트를 우리는 결코 잊지 않을 것이다. 낯설고도 한없이 두텁게만 보였던 그 벽이 녹아내리도록 훈훈한 바람을 챙겨주었던, 사람들이 사는 풍경 속으로 걸어 들어갈 힘이 생기게 했던, 이 마을의 모든 생리적인 것들, 그리고 자연적인 것들, 결코 짧지 않은 5년이라는 시간의 더께들을, 우리는 두고두고 사랑할 것이다.

하얀 숲에서 여름나기

캐나다 1번 하이웨이에서 화이트 우드로 들어오는 길이 여럿 있는데 콰펠 스트리트도 그 중 하나다. 콰펠 스트리트를 들어설 때마다 마을로 가지 않고 곧장 가면 무엇이 나올까 하는 낯선 설렘이 생겨났다. 하루는 자동차를 몰고 그 낯선 설렘을 따라 가보기로 했다. 이곳에 온 지 달을 넘기고 있으니 지리는 웬만큼 익숙해져 마을을 벗어난 길이 궁금해지던 참이다.

흙먼지를 뽀얗게 달고는 비포장도로를 달렸다. 샛노란 물감을 온통 부어놓은 듯하던 카놀라밭에는 어느새 노란색이 지쳤는지 초록빛이 다시 밀려들고 있었다. 이모작이 가능한 곳도 있다니 서둘러 꽃잎을 접고는 씨방을 차리는가 보다. 끝 간 데 없이 펼쳐져 있는 밀밭에는 이삭들이 피어 바람 따라 물결치며 장관을 이루고 있었다. 눈앞에 바라보이는 지평선은 금방 닿을 것 같은데 자동차로 며칠을 가도 끝나지 않는 곳이 중부 캐나다 프레리 들판이다. 이 광대한 들판은 어디를 가도 밀밭과 카놀라밭 일색이다. 이맘 때 쯤이면 노란 밭은 카놀라이고 초록 물결은 밀밭이다. 때론 스카이 블루색을 만나는데 프락스(Flax)를 재배하는 밭이다. 프락스의 씨로 기름을 짜내어 우리나라에서도 요즘 건강식품으로 각광을 받고 있는 아마씨유를 만들어낸다.

끝없이 펼쳐진 들판으로 난 길을 앞으로 더 나가보기로 했다. 어디를 둘러보아도 텅 빈 들판뿐이다. 한 트럭이 지나가다가 무슨 문제가 생겼냐며 관심을 잠시 보이곤 없다고 하자 이내 사라졌다. 다시 온 들판에 정적이 내려앉았고 여름 햇살에 따갑게 달구어진 도로만이 눈부셨다. 느린 속도로 다시 자동차를 천천히 움직였다.

여기저기 빈 밭에 놓여진 건초더미들도 보였고 시선이 끝날 것 같지 않은 목초지도 나타났다. 화이트 포플러라는 나무들이 있어서 화이트 우드라는 마을이름이 생겼다고 하며 들판 중간중간에 숲을 이루고 있는 모습도 보였다. 우리나라에서는 백양나무라고 하기도 하는데 나무줄기가 하얀색에다 줄지어 늘어선 풍경이 특이했다. 이곳 캐나다는 한대지방이라 잎이 넓은 활엽수는 보기 드물고 침엽수나 이런 화이트 포플러가 대부분이었다.

한곳에 이르렀을 때였다. 자주색 물결이 눈앞에 갑자기 나타나기 시작했다. 무엇이 저리도 들판을 자주색으로 물들였을까 하는 생각

에 자동차를 멈췄다. 자세히 보니 개자리꽃들이 자주색, 노랑, 하양, 베이지 등 가지각색으로 피어나 초록잎 사이사이로 콕콕 박혀 있었다. 다른 색은 그리 눈에 덜 띄는 편인데 유독 자주색에서 묻어나는 색감이 생경했다. 개자리는 우리나라에서도 귀화식물이 되어 여름이 되면 들판에 만발하는 꽃이다. 이 커다란 풍경들을 카메라에 잡아보고자 여러 번 렌즈를 갖다 대어도 찍히는 것은 한계가 있어 마음만 안타까울 뿐이었다. 꽃송이도 작아서 렌즈를 바짝 붙여야 겨우 그 모습이 제대로 보였다. 향기 또한 진해서 코끝을 갖다 대자 감탄이 절로 나왔다. 잠시 후각을 아찔하게 만드는 이런 향기도 야생에서 살아남기 위한 하나의 방법인가 하는 생각이 들었다. 한국에 있을 때는 무심코 지나쳤던 개자리꽃이 이렇듯 군락을 이루며 이방인의 오감을 여지없이 묶어놓고 있었다.

잔대꽃을 닮은 캄파눌라(Campanula)가 다른 잡초들과 뒤엉켜 보랏빛 물결을 이루고 있었다. 길게 솟아올라온 꽃대에 무수한 종모양의 보랏빛 꽃송이들을 달고는 비포장 도로가에서 흙먼지를 잔뜩 뒤집어쓰고 있었다. 그 꽃색과 생김새는 야생화라고 하기엔 무척 곱고 아름다웠다. 그리스 신화에 캄파눌라가 황금 사과 과수원을 지키는 예쁜 소녀였다고 하는데 종모양을 한 꽃 모양새가 꼭 어울린다는 생각이 들었다. 조심스레 몇 가지를 꺾어 들었더니 온몸이 보랏빛 꽃색으로 물드는 느낌이었다. 이 끝없는 들판에서 이렇듯 처연한 꽃

색의 야생화를 만나다니 무슨 횡재라도 얻은 듯 가슴이 뛰기 시작했다. 그 꽃색을 바라보며 지냈던 하얀 숲에서의 여름은 두고두고 생각해도 가슴 뛰는 일이었다.

편견에 기대어 하찮은 잡초로만 여겼던 엉겅퀴도 무리져 피어나 분홍빛을 토하며 여름 향연에 한몫을 하고 있었다. 들국화 종류인 옥스 아이 데이지(Ox eye daisy) 무리를 만났을 때도 청초한 모습에 연신 카메라 셔터를 누르면서 발길을 멈추어야 했다. 서양조밥꽃이라는 샛노란 꽃잎이 도로가에 키를 세우고 줄지어 선 모습을 보니 무슨 환영식에서 사열을 받고 있는 기분이 들어 황홀하기까지 했다. 그러고 보니 자연은 온몸을 풀어헤치며 여름 축제를 이 들판에서 성대하게 치르고 있었던 것이다. 그러한 축제에 초대되어 낯선 설렘과 무방비한 황홀함을 맛보고 있으니 이보다 더한 행운이 어디 있을까. 이곳 생활에 조금은 무료해질 무렵 카놀라가 피어나 그 노란 물결로 말을 걸어주더니, 오늘은 이렇듯 대평원에 어우러진 갖가지 야생화들이 온몸을 달뜨게 하고 있었다.

여름이 짧다보니 씨를 퍼뜨리기 위한 시간도 그리 넉넉지 않아서 그런지 꽃들이 대부분 화려했다. 정원

에 옮겨다 심어도 손색이 없을 정도로 크기도 클뿐더러 꽃색도 대담했다. 그러한 야생화들이 어우러진 온 들판은 자연이 꾸며놓은 거대한 화원이었다. 그 화원에 여름의 향연이 아우성치며 펼쳐지고 있었다. 일제히 피어나 저마다의 존재감을 드러내며 누가 보아주지 않아도 자연의 순리대로 사명을 다하는 모습에서 한편 거룩함이 느껴졌다. 나도 자연이 만들어 놓은 걸작품 속에 무작정 동화되어 사스캐츠완 대평원의 위대한 여름을 온몸으로 마주하고 있었다. 그 거룩한 모습을 보며 깊숙이 찬양하고 있었다.

이렇듯 내 마음을 온통 묶어버린 대자연의 초대는 하얀 숲(White Wood)에서의 여름나기를 더욱 빛나게 해 주었다. 낯설기만 했던 바람의 냄새, 온 우주를 휘감고 있던 하늘과 프레리 들판의 경계를 이어주는 아득한 지평선, 대자연의 거대하고도 황홀한 향연에 무방비하게 빠져들던 그 여름, 또 하나의 멋진 그림으로 덧대어져 내 인생의 색 바래지 않는 풍경화로 오래도록 남아 있을 것이다.

지독한 인연

-하얀 숲에서 여름나기(2)

화이트우드는 사스캐츠완주의 주도인 리자이나에서 서쪽으로 이백여 킬러미터 떨어진 1번 하이웨이 선상에 있는 마을이다. 하얀 포플러 나무들의 숲이라는 뜻을 가졌는데 천여 명이 모여 사는 작은 마을이다. 마을은 125년 전에 세워졌고 백년이 넘은 건물들이 교회당 두 곳과 중심가에 몇 있다. 이 마을의 많은 사람들이 서부지역에서 가장 낭만적인 정착지라고 자랑스럽게 생각한다고 한다.

마을에 들어서면 여행자들을 위한 숙소가 두 곳 있고 모두 한국인이 경영한다. 백년이 넘은 교회당 중 하나가 마을 초입에 있는 낙스 장로교회인데 아들이 시무하는 곳이다. 교회당 앞으로 길게 동서로 철

길이 놓여 있고 이곳을 넘으면 왼편에 코업이라는 푸드 마켓이 보이며 오른쪽에는 판초스라는 가족 레스토랑이 있다. 그 옆에는 화이트우드 기념탑이 전쟁에서 목숨을 잃은 마을 사람들을 기리고 있다.

라론드 스트리트는 이 마을의 가장 번화가이며 이곳부터 3번가가 시작되는 입구에 커다란 벽화가 매우 인성적이다. '1890년 마켓 데이' 라는 타이틀로 당시 화이트우드 사진을 복제한 것인데 인근 지역에서 소와 말들을 팔고사기위해 정기적으로 섰던 장날풍경을 그린 그림이다. 이 벽화는 자원봉사자들에 의해 그려졌고 천년 프로젝트로 기획된 것이라고 한다. 백여 년 지난 후에도 그림 속에 있는 건물이 다운타운에 그대로 남아 있어 화이트 우드의 역사를 또 한 번 읽을 수 있게 한다. 화이트우드에는 이 벽화 말고도 풀밭 위의 식사라든지 추수 장면을 그린 벽화가 몇 개 더 있다.

타임 스퀘어라는 자그마한 공원이 라론드 스트리트에 있는데 이곳은 마을에서 연합으로 하는 여러 행사들이 열린다. 캐나다 국경일 '캐나다 데이' 다음 날인 7월 2일은 주일이어서 일곱 교회가 이 공원에서 연합예배를 드렸다. 한국에서는 캐토릭, 성공회, 루터교회와 개신교가 반목하지만 이곳에서는 모든 종파들이 함께 행사를 치른

다. 이날 150여 명이 참석하여 순서에 따라 예배가 진행되었고 아들은 유일한 동양인으로 중앙에 서서 찬양 리더를 하고 있었다. 그 모습을 멀리서 바라보니 코리아라는 동양의 작은 나라에 대한 홍보대사 역할을 톡톡히 하고 있다는 생각이 들어 감회가 남달랐다. 또한 낯선 땅에 와서 이들의 사회 속으로 들어가 이렇듯 리더가 되기까지 자신과의 지독한 싸움을 했다는 아들의 말이 떠올라 잠시 가슴이 먹먹해졌다.

그린가에 있는 시니어 공원에는 잘 정돈된 잔디밭 주위로 전나무가 빙 둘러 서 있고 한가운데에 우물과 돌탑이 있다. 우물은 아마 개척시대 사람들이 사용하던 것이 아닐까 생각해 보았다. 돌탑에는 이 땅을 일구느라 애쓴 개척민들을 기념하기 위해 세웠다는 비문이 적혀 있었다. 화단에는 나리꽃이 붉게 피어나 이들의 업적을 더욱 빛나게 해 주는 듯 공원을 환하게 밝혀주고 있었다.

공원 건너편에 있는 시니어 아파트는 아들이 이 마을로 부임하던 초기에 살던 곳이다. 하루는 이들과 식사를 할 기회가 있었다. 몇 분이서 직접 구운 빵과 쿠키를 가져오고 샐러드를 곁들여 음료수와

같이 점심을 즐기는 시간이었다. 아들은 매주 목요일이면 로비에 모여서 함께 식사를 했다는데 이들의 따뜻한 배려로 낯선 곳에서 적응하는데 큰 도움이 되었다고 한다. 어느 날은 피크닉을 간다고 해서 따라와 보았더니 뒤뜰로 의자들을 옮겨 놓고 앉아 오후를 보내고 있었다. 아들은 기타를 치며 노래를 부르고 이들은 고개를 끄덕이며 진지하게 듣고 있었다. 이러한 모습을 보면서 서로의 인연이 어느새 돈독하게 이어지고 있다는 생각이 들어 흐뭇하기도 하고 고맙기도 했다. 91세가 되신다는 분도 정정해 보였고 봉사하는 분들도 모두 70세가 훌쩍 넘었다고 했다. 의자에 앉아 있기가 민망했지만 말이 제대로 되지 않아 '땡큐' 만 연발했다. 음식을 나누면서 자그마한 이야기에도 맑은 목소리로 명랑하게 웃으며 이방인에 불과한 아들을 너나없이 좋아하던 모습이 지금도 눈에 선하다.

남쪽으로 마을을 조금 벗어나면 너른 들판이 시작된다. 아무리 둘러봐도 높은 지대라고는 찾아 볼 수 없는 대평원지대다. 이 들판

으로 난 길을 따라 산책하기를 좋아했다. 고요가 가득한 공간에도 바람은 쉴 새 없이 일었다. 처음에는 그 바람조차도 낯설게만 느껴졌었다. 시간이 지나자 바람이 들려주는 풍경의 소리가 익숙하게 다가왔다. 여름으로 가면서 피었다 지는 들꽃들이 늘 말을 걸어주었다. 온 우주를 떠받치고 있는 듯한 광활한 하늘을 올려다보면 이곳에 온 이유 중 하나가 더 늘었다는 생각이 들었다. 깊고 푸른 하늘에 하얀 뭉게구름이 펼쳐져 있으면 온 마을은 한 폭의 그림이 된다. 서쪽 지평선 너머로 지는 해를 따라 노을이 구름들을 붉게 물들이면 몽환적인 풍경으로 바뀐다. 나는 그 들판에 서서 땅거미가 내려앉을 때까지 노을 속을 서성거리다 돌아오곤 했다. 그리고 아들이 있어 올 수 있었던 이 마을의 풍경들과 또 하나의 새로운 인연에 대해 곰곰이 생각해 보았다.

돌이켜 보면 새로운 인연이 된다는 것은 생각만 해도 울컥해지는 일이다. 아니 낯선 땅에서 자신과 지독한 싸움을 싸우며 지내온 아들의 삶을 지켜보면서 그를 품어 준 모든 것들이 가슴을 벅차게 했는지도 모른다. 나는 어느새 이 모든 풍경들과 새로움을 넘어 지독한 인연에 묶여버린 듯했다.

두 달을 지낸 후 마을을 떠나던 날 아들로 인해 묶였던 사방의 풍경들에 대해 손을 흔들며 고맙다고 큰 소리로 인사를 했다. 오랫동안 지워지지 않을 기억들을 위해서 다시 한 번 눈에 담았다. 앞으로 내 인생에 있어서 이처럼 고맙고도 지독한 인연을 또 만날 수 있을까.

자동차가 마을을 슬금슬금 빠져나가자 가슴이 먹먹해지고 있었다. 이별에는 늘 서툴다는 사실을 또 한 번 깨닫고 있었다.

캐나다 데이

-하얀 숲에서 여름나기(3)

올해는 캐나다 건국 150주년을 맞는 해이다. 7월 1일이 영국의 식민지로부터 벗어나 연방국가로 통합된 건국기념일 '캐나다 데이' 다. 처음에는 '도미니언 데이' 라고 했다는데 이날을 기념하기 위해 전역에서 각종 축제들이 벌어진다.

화이트우드에서도 국경일을 맞아 퍼레이드가 마을에 있다고 하여 시간에 맞춰 집을 나섰다. 퍼레이드가 지나갈 거리에 마을 사람들은 의자를 하나씩 들고 나와 일렬로 앉아 있는 모습이 진풍경이었다. 자신의 집앞 도로에 '해피 버스 데이 캐나다' 라고 색색깔 분필로 큰 글씨를 쓰는 사람도 눈에 띄었다. 집집마다 커다란 캐나다 국기를 창문에 달아놓거나 깃대로 높이 올려 정원에 세워두기도 하고, 작은 수기(手旗)를 집 앞에 빼곡히 꽂아 놓아 마을 전체를 축제 분위기로 만들고 있었다.

11시가 되자 선두에 선 경찰 싸이카에서 사이렌을 울리면서 퍼레이드가 시작되었다. 삼색기를 앞세우고 각종 오래된 차들이 뒤따르며 마을 주민들 앞을 지나갔다. 1900년대 초에 출고된 자동차로부터 이 마을 공공기관에서 사용되는 소방차라든지 병원차, 스쿨버스, 농부들이 사용하는 트렉터까지 다양한 종류들이 선보였다. 유일한 마트 '코업'과 세워진 지 백년이 넘은 '앵글리칸 교회' 마을의 역사관인 '헤리타지 센터' 등 주민들과 친근한 기관들이 각기 상징물을 달고 퍼레이드에 참여하고 있었다. 또한 기마병이 등장하고 조랑말을 탄 어린이, 고유의 민속복을 차려입거나 삐에로로 분장한 사람들, 꿀벌 모형을 달고 가는 자동차, 서부극에 나올 법한 덜커덩거리는 마차 등 125년의 역사를 간직한 이 타운의 모습들을 다채롭게 표현하고 있었다.

구경 나온 주민들에게 퍼레이드 행렬을 뒤따르는 사람들이 뭔가를 던져주는 모습이 눈에 띄었다. 무슨 일인가 하고 바라보고 있는데 키가 훤칠한

동양인이 '하이' 하며 땀으로 범벅된 얼굴로 다가와 사탕을 한웅큼 쥐어주고 간다. 자세히 보니 아들이었다. 행사를 준비하느라 그동안 직사광선을 받아서 그런지 얼굴은 온통 그슬려 있었고 웃을 때만 치아가 뽀얗게 보였다. 이곳 낙스 장로교회에 부임해 온 아들은 어느새 타운의 운영위원이 되어 마을을 대표하며 각종 행사에 참여하고 있었다.

사진을 좀 더 찍기 위해 메인스트리트 쪽으로 걸어가고 있었다. 어디서 본 듯한 또 다른 동양인이 다가와 귀에 익은 우리말로 인사를 한다. 며칠 전 자신의 집으로 초대하여 떡볶이를 대접해 준 '퀘스트 호텔' 여주인이었다. 커피를 한 잔 하자고 하여 제일 가까운 곳에 있는 아들이 시무하는 교회로 갔다. 잠시 교회에서 기다리자 곧 아들과 함께 한국인 한 가정이 합류하여 대여섯 명이 모였다. 오랜만에 이국에서 자기네 나라 말로 마음껏 웃고 떠든다. 넘치는 이국 언어에

자칫 주눅도 들고 은근히 스트레스를 받고 있던 참이었다.

교회에서 집으로 돌아가자면 철길을 건넌 다음 다운타운을 지나야 한다. 다운타운에 들어서기 전 3번가 입구에 커다란 벽화가 그려져 있다. 우리나라 장날처럼 1800년대 마켓 데이 풍경을 그린 것이다. 지금도 벽화 속에 있는 똑같은 건물들이 다운타운 양 옆으로 남아 있는 모습을 볼 수 있다. 이 마을의 역사를 알 수 있는 곳이 이 벽화 말고도 화이트 우드 박물관이라든지 프랑스 이민자들의 삶을 모아 놓은 헤리타지 센터, 콜만 부부가 수집해 놓은 골동품 수집소 등이 있다.

오전에 카퍼레이드를 마친 자동차들이 다운타운에 모두 진열되어 있었다. 출고된 지 오십 년이 넘은 자동차들이 많았지만 관리가 잘 되어 아름다운 예술품 같아 보였다. 자동차 전시장 옆으로는 소방서 직원들이 나와서 기부금을 모으려고 햄버그를 팔고 있었다. 소

장이 직접 화덕에서 고기를 구우며 햄버그를 만드는 모습이 인상적이었다. 햄버그와 음료수를 시켜 여름의 따가운 햇살을 받으며 야외 벤치에서 점심을 하였다.

캐나다 데이를 국경일로 정하고 축제를 벌이며 즐거워하는 이 마을 사람들을 대하면서 해마다 가을이면 이틀에 걸쳐 여는 우리 지역 축제를 떠올려 보았다. 본질은 퇴색되어 술판과 오락 그리고 쓰레기더미로 얼룩져 있고 몰려든 상인들은 돈벌이하는 데만 급급해하는 인상을 주고 있었다. 우리 마을의 이러한 축제는 다시금 정립할 필요가 있다고 늘 생각해 왔었다. 소방서 소장이 나와서 손수 햄버그를 만들어 팔면서 수입금 전액을 기부금으로 쓴다는 캐나다의 축제는 내 기억 속에 오래오래 남아 있을 것이다.

캐나다 중부 광대한 프레리 들판에 사람들이 모여 예배당을 짓고 하얀 숲에 둘러싸여 마을을 이루며 백여 년을 살아왔다. 인구가 천여 명이라고 하는데 맑은 햇살을 받으며 조그마한 이야기에도 웃기를 잘하고 명랑한 소리로 인사를 하며 고요하게 살아가는 마을이다. 이곳 사람들은 하얀 피부색만이 아니라 마음도 하얗다는 생각을 해본다. 이방인이 와서 영어를 못하는 것에 대해 조금도 이상하게 여기지 않는다. 오히려 자신들이 상대방 나라의 말을 못해서 미안해하는 그런 사람들이다.

'하얀 숲' 에서 여름나기를 하는 동안 이들을 대하면서 나도 고요하고 하얀 마음을 지니고 살았으면 좋겠다는 생각을 거듭했다.

화이트우드의 한인 가족들

김주안 수필집

발행/ 2018년 2월 28일

지은이/ 김주안

펴낸이/ 김주안

펴낸곳/ 도서출판 진실한 사람들

주소/ 서울특별시 종로구 삼일대로 457, 713호(경운동, 수운회관)

Tel/ 02-730-3046~7

Fax/ 02-730-3048

E-mail/ munvi22@hanmail.net

등록번호/ 제300-2003-210호

ISBN/ 89-91905-70-2

값 13,000원